INVITO ALLA LE

SEZIONE ITALIANA

Tomasi di Lampedusa

Il presente volume è stato
realizzato con la collaborazione
di MARIO MICCINESI

GIANCARLO BUZZI

Invito alla lettura
di
Giuseppe Tomasi di Lampedusa

Mursia

© Copyright 1972 - Gruppo Ugo Mursia Editore S.p.A.
Proprietà letteraria riservata - *Printed in Italy*
1268/AC - Gruppo Ugo Mursia Editore S.p.A.
Via Tadino, 29 - Milano

Anno						Edizione		
93	92	91			7	8	9	10	11

CRONOLOGIA

	Vita di Lampedusa	Avvenimenti culturali	Avvenimenti storici
1896	Giuseppe Tomasi di Lampedusa nasce a Palermo il 23 dicembre.	In Italia si pubblicano: Del materialismo storico *di Antonio Labriola e* La disfatta *di Oriani*. A Roma, diretto da Bissolati, esce l'«Avanti!», organo ufficiale del Partito Socialista. A Firenze Angiolo Orvieto fonda la rivista letteraria «Il Marzocco». Nascono Montale, De Pisis, la Manzini, Tecchi, Angioletti. A San Remo muore Alfred Nobel, fondatore del premio omonimo. In Inghilterra, a Londra, inizia la pubblicazione del quotidiano «Daily Mail». In Germania esce la rivista satirica «Simplicissimus» alla quale collabora, fra gli altri, Th. Mann. In Francia, muoiono Verlaine e Edmond de Goncourt. Negli USA nascono Scott Fitzgerald e Faulkner.	In Italia cade il gabinetto Crispi in seguito agli insuccessi della politica coloniale. Di Rudiní forma il suo secondo ministero, che entra subito in crisi. Di Rudiní succede a se stesso alla guida del suo terzo ministero. In Grecia, ad Atene, il re Giorgio I apre le Olimpiadi.

Vita di Lampedusa	Avvenimenti culturali	Avvenimenti storici
1954 Nell'estate Lampedusa accompagna il cugino Lucio Piccolo al Convegno letterario di San Pellegrino Terme e vi conosce alcuni scrittori. Sul finire dell'anno comincia probabilmente a scrivere *Il Gattopardo*.	*In Italia si pubblicano:* Racconti romani *e* Il disprezzo *di Moravia,* La forza degli occhi *di Gatto,* Manoscritto in una bottiglia *di Govoni,* È fatto giorno *e* Contadini del Sud *di Scotellaro,* Lettere di condannati a morte della Resistenza europea *a cura di G. Pirelli e P. Malvezzi.* Soldati *vince il premio Strega con* Lettere da Capri. *A Napoli F. Compagna fonda la rivista politica-economica-sociale-culturale «Nord e Sud». A Roma esce, diretto da R. Bilenchi, C. Salinari e A. Trombadori, il settimanale (poi mensile) di impostazione marxista «Il contemporaneo». Giangiacomo Feltrinelli fonda l'omonima casa editrice. Muore Brancati. In Francia si pubblicano:* Les Mandarins *della de Beauvoir,* Mémoirs de guerre *di de Gaulle,* Journal littéraire *di Léautaud,* Port-Royal *di de Montherlant,* Bonjour tristesse *della Sagan. Molto scalpore suscita l'uscita di* Les prêtres ouvriers, *opera scritta dai preti operai che erano rimasti nelle fabbri-*	In Italia, a un brevissimo ministero Fanfani, succede il gabinetto presieduto da Scelba (DC, PSDI, PRI, PLI). La Rai manda in onda le prime regolari trasmissioni televisive. La Fiat lancia la popolare 600. In Francia il socialista Mendès-France forma il nuovo governo che dopo la battaglia di Dien Bien Phu firmerà l'armistizio con il Viet Minh. In Algeria scoppia una rivolta contro i francesi. Negli USA si decide di effettuare il lancio di una bomba H sull'atollo di Bikini.

	Vita di Lampedusa	Avvenimenti culturali	Avvenimenti storici
1954		che, nonostante la condanna della loro attività da parte di Pio XII. Muore la scrittrice Colette. *In Russia si pubblica* Il disgelo *di Erenburg, opera che anticipa il cosiddetto «nuovo corso» della politica culturale sovietica.* *Negli USA si pubblicano* Black Power *dello scrittore negro Wright,* Essays in Experimental Logic *del filosofo e pedagogista Dewey.* *Hemingway vince il premio Nobel.* *In Ungheria, il filosofo marxista Lukács pubblica* La distruzione della ragione, *opera fondamentale sulle componenti irrazionalistiche del pensiero occidentale moderno.*	
1955	Prosegue la scrittura del *Gattopardo*. Lampedusa scrive anche le *Lezioni su Stendhal* e inizia a comporre i *Racconti*.	*In Italia si pubblicano:* Banditi a Partinico *di Dolci, che suscita una vasta eco internazionale e provoca un'ampia convergenza di interessi sui problemi del Meridione e in particolare della Sicilia,* Ragazzi di vita *di Pasolini, romanzo che suscita molte polemiche per i suoi contenuti e per il suo sperimentalismo linguistico,* Metello *di Pratoli-*	In Italia, Giovanni Gronchi viene eletto presidente della Repubblica. Segni forma il nuovo governo. In Inghilterra, Winston Churchill abbandona la vita politica. Gli succede alla guida del governo Anthony Eden. In Polonia, gli Stati comunisti dell'Europa orientale stringono il Patto di Varsavia, alleanza mili-

	Vita di Lampedusa	Avvenimenti culturali	Avvenimenti storici
1955		ni che vince il premio Viareggio. Comisso vince il premio Strega con Un gatto attraverso la strada. A. Benedetti fonda « L'Espresso ». In Francia si pubblicano: Les aventures de la dialectique di Merleau-Ponty, Les clefs de Saint Pierre di Peyrefitte, Le voyeur di Robbe-Grillet. Un vero caso letterario esplode clamorosamente a Parigi con la pubblicazione del romanzo Lolita dello scrittore russo Nabokov. Muoiono Claudel e Teilhard de Chardin. In Svizzera, a Zurigo, muore lo scrittore tedesco Thomas Mann. In Spagna, a Madrid, muore il filosofo José Ortega y Gasset.	tare che dichiara di proporsi solo scopi difensivi. Nell'Unione Sovietica, Malenkov viene sostituito alla presidenza del Consiglio dei ministri da Bulganin. In Argentina, il dittatore Juan Peron è costretto ad abbandonare il paese in seguito a un colpo di stato. Negli USA, a Princeton, muore Einstein.
1956	Il Gattopardo è inviato in lettura all'editore Mondadori che lo rifiuta. Prosegue la scrittura dei Racconti.	In Italia si pubblicano: La bufera e altro di Montale, Il falso e il vero verde di Quasimodo, Maledetti Toscani di Malaparte, Versi e poesie di Noventa, Cinque storie ferraresi di Bassani (che vince il premio Strega), Il futuro ha un cuore antico di Carlo Levi, La Sparviera della Manzini.	In Ungheria, a Budapest scoppia in ottobre l'insurrezione popolare contro il regime stalinista. Dopo un mese di lotta, l'intervento sovietico ristabilisce la situazione a favore del governo Kádar. In Francia Mollet forma un governo che riunisce socialisti e radicali. Nell'Unione Sovietica Kruscev denun-

Vita di Lampedusa	Avvenimenti culturali	Avvenimenti storici
1956	*L'avvenimento letterario di maggior interesse è costituito dalla pubblicazione delle opere complete di Italo Svevo, che riportano l'attenzione della critica e del pubblico sul grande scrittore triestino, ancora poco letto e poco compreso.* *A Milano per la regia di Strehler, il Piccolo Teatro mette in scena l'*Opera da tre soldi *di Bertolt Brecht, che interviene alla prima rappresentazione. Fra gli intellettuali italiani le conclusioni del XX Congresso del PCUS, sollevano un vasto dibattito sul futuro della cultura marxista e sulla posizione dell'intellettuale.* *A Milano L. Anceschi fonda il periodico letterario « Il Verri ».* *Muoiono Corrado Alvaro, Piero Calamandrei, Giovanni Papini.* *In Francia si pubblicano:* La chute *di Camus,* Nekrassov *di Sartre,* Un certain sourire *della Sagan; tuttavia il maggior successo lo ottiene la poetessa decenne Minou Drouet con la raccolta di versi* Arbre, mon ami, *alla quale si interessano parimenti il pubblico, la*	cia al XX Congresso del PCUS, la politica di Stalin, viziata dal culto della personalità. In Egitto, Nasser, diventato nello stesso anno presidente della Repubblica egiziana, nazionalizza il canale di Suez. Israele Francia e Inghilterra attaccano l'Egitto, finché l'intervento delle truppe dell'ONU porta alla sospensione delle ostilità. In Inghilterra la crisi di Suez provoca la caduta del gabinetto Eden e la formazione del ministero Mac Millan. Negli USA, Eisenhower viene rieletto alla presidenza.

	Vita di Lampedusa	Avvenimenti culturali	Avvenimenti storici
1956		critica e gli psicanalisti. *In Ungheria, a Budapest, nasce il circolo culturale «Petöfi», attorno al quale si riuniscono gli esponenti antistalinisti della cultura ungherese.* *Nella Germania orientale, a Berlino Est, muore Bertolt Brecht.*	
1957	Il Gattopardo è rifiutato anche da Vittorini. Lampedusa muore il 23 luglio in una clinica romana.	*In Italia si pubblicano:* Quer pasticciaccio brutto de via Merulana *di Gadda,* La ciociara *di Moravia,* Il barone rampante *di Calvino,* L'isola di Arturo *della Morante,* Le ceneri di Gramsci *di Pasolini (che vince il premio Viareggio).* *Presso la casa editrice Feltrinelli esce il romanzo* Il dottor Živago *di Boris Pasternak, accompagnato da vicende editoriali assai intricate.* *Muoiono Longanesi, Malaparte, Saba, Salvemini.* *In Francia Sartre con il saggio* Le phantôme de Stalin *attacca violentemente la politica imperialista e repressiva dell'Unione Sovietica, che ha portato all'intervento in Ungheria.* *Camus vince il premio Nobel.*	In Italia, cade il ministero Segni. Il nuovo governo viene formato da Adone Zoli. A Roma vengono istituiti l'EURATOM e la CEE. In Francia, la situazione politica è caratterizzata da un'estrema instabilità, accentuata dall'aggravarsi del problema algerino: molti governi si succedono senza riuscire a sopravvivere per piú di qualche mese. In Egitto, Nasser fa riaprire il Canale di Suez. Nell'Unione Sovietica, viene lanciato il primo satellite artificiale della storia, lo Sputnik I al quale fa seguito, dopo breve tempo, lo Sputnik II che reca a bordo la cagnetta Laika.

	Vita di Lampedusa	Avvenimenti culturali	Avvenimenti storici
1957		*In Inghilterra il movimento dei cosiddetti giovani arrabbiati (gli* angry young men), *che ha nel commediografo Osborne il rappresentante piú noto, pubblica il suo manifesto programmatico, uscito in concomitanza con l'altrettanto programmatica commedia dello stesso Osborne:* Ricorda con rabbia. *Bertrand Russell pubblica il «pamphlet»* Perché non sono cristiano. *Negli Stati Uniti esce il romanzo di Kerouac* Sulla strada, *che costituisce il vangelo della filosofia beat e che, insieme alle opere del poeta Ginsberg, contribuirà a diffonderne i dogmi.* *In Germania si pubblicano:* Identità e differenza *di Heidegger,* La bomba e il destino dell'umanità *di Jaspers,* Conscio e inconscio *di Jung.*	
1958	Esce *Il Gattopardo* presso Feltrinelli a cura di Giorgio Bassani.	*In Italia si pubblicano:* La terra impareggiabile *di Quasimodo, che vince il premio Viareggio. A Napoli viene fondata la comunità europea degli scrittori. Giancarlo Menotti organizza a Spoleto il primo Festival dei Due Mondi.*	In Italia si effettuano le elezioni politiche: Fanfani è il nuovo leader del governo. Muore Pio XII al quale succede il cardinale Angelo Roncalli con il nome di Giovanni XXIII. In Francia, de Gaulle torna al pote-

Vita di Lampedusa	Avvenimenti culturali	Avvenimenti storici
1958	Alberto Mondadori fonda a Milano la casa editrice «Il Saggiatore». Dino Buzzati vince il premio Strega. In Francia si pubblicano: La semaine sainte *di Aragon*, Memoires d'une jeune-fille rangée *della de Beauvoir*. Tuttavia l'argomento del giorno è costituito dal dibattito della critica sul nouveau-roman *che con le opere di Robbe-Grillet, Butor, Beckett, ecc. comincia a diffondersi presso il grosso pubblico*. In Svezia viene assegnato il premio Nobel a Pasternak, che per le pressioni della stampa e del Partito Comunista sovietici, lo rifiuta. Nel Portorico, muore in esilio il poeta spagnolo Juan Ramón Jiménez, premio Nobel 1956.	re in seguito alla rivolta di Algeri: primo ministro con pieni poteri, scioglie il Parlamento, indice il referendum per la proclamazione della Costituzione della V Repubblica della quale viene eletto presidente. Nell'Unione Sovietica, Nikita Kruscev, che è riuscito a sbarazzarsi di tutti i concorrenti, diviene primo ministro.
1959 Escono molte recensioni sul *Gattopardo*. Esplode il «caso Lampedusa». Escono sulla rivista «Paragone» le *Lezioni su Stendhal*.	In Italia si pubblica Eclisse dell'intellettuale *di Zolla*. Salvatore Quasimodo ottiene il premio Nobel. A Milano esce il primo numero della rivista «Il Menabò» *fondata da E. Vittorini e I. Calvino*. Ma l'avvenimento culturale piú incisivo dell'anno è probabilmente costituito dal film di Fede-	In Italia, Fanfani si dimette, il nuovo governo viene costituito da Segni. Muore Enrico De Nicola, ex presidente provvisorio della Repubblica. A Cuba, trionfo della rivoluzione di Fidel Castro.

Vita di Lampedusa	Avvenimenti culturali	Avvenimenti storici
1959	rico Fellini «La dolce vita», che dopo anni riporta la cinematografia italiana alla ribalta internazionale. Muoiono Cardarelli e il critico d'arte Berenson. In Francia due avvenimenti teatrali monopolizzano l'attenzione del pubblico: I rinoceronti *di* Ionesco *e* I sequestrati di Altona *di Sartre*. Queneau pubblica Zazie dans le métro, *e clamoroso successo riscuote* Le dernier des justes, *primo e finora unico romanzo di André Schwarz-Bart, che vince il premio Goncourt*. Negli Stati Uniti si pubblica The Mansion *(La dimora) di Faulkner*. In Inghilterra Bertrand Russell pubblica l'ennesimo «pamphlet» pacifista Prima dell'Apocalisse.	
1960 Proseguono il successo del *Gattopardo* e l'interesse per Lampedusa in Italia e all'estero.	*In Italia si pubblicano:* La noia *di* Moravia, Passione e ideologia *di Pasolini*, Lo scialo *di Pratolini*, La ragazza di Bube *di Cassola*, La volpe e le camelie *di Silone*. *Molto di moda è in questo anno la fenomenologia di Husserl, al quale le ri-*	In Italia, si dimette il ministero presieduto da Segni. Tambroni forma un governo con l'appoggio del MSI: una serie di manifestazioni popolari e di scioperi provocano il massiccio intervento della polizia che ha per conseguenza la morte

Vita di Lampedusa	Avvenimenti culturali	Avvenimenti storici
1960	viste culturali dedicano ampio spazio. Di moda è anche la crisi del romanzo, sulla quale molti non nutrono piú speranze, considerando tale genere letterario, irrevocabilmente defunto. G. Vigorelli fonda la rivista bimestrale « L'Europa letteraria ». Muore la poetessa Sibilla Aleramo che era stata l'amica di Dino Campana. In Francia si pubblicano: Nord di Céline, Critique de la raison dialectique di Sartre, il quale alla testa di un vasto movimento di intellettuali, si fa promotore di un Manifesto contro la guerra di Algeria. In un incidente di auto muore Camus. In Russia, muore Pasternak.	di alcuni dimostranti. Segue, proclamato dalla CGIL uno sciopero generale, che porta alla caduta del ministero Tambroni. A risolvere la crisi viene chiamato Fanfani. Negli USA John Kennedy, candidato del Partito Democratico, viene eletto alla presidenza.
1961 Escono i *Racconti* presso l'editore Feltrinelli.	In Italia si pubblicano: La religione del mio tempo di Pasolini, Il disertore di Dessí, Tempo e verità nella fenomenologia di Husserl di Paci. La magistratura fa sospendere le rappresentazioni del dramma di Testori L'Arialda, accusato di oscenità: l'episodio fornisce il pretesto per una polemica sulle funzioni	Giovanni XXIII promulga l'enciclica *Mater et Magistra* nella quale è contenuta la nuova dottrina sociale della Chiesa cattolica. Lo stesso Giovanni XXIII convoca il Concilio ecumenico. In Francia si svolge il referendum per l'Algeria, che registra una nuova vittoria della politica di de Gaulle. In Algeria, i gene-

Vita di Lampedusa	Avvenimenti culturali	Avvenimenti storici
1961	e i limiti della censura. Muoiono l'editore Aldo Garzanti, gli scrittori Virgilio Brocchi e G. B. Angioletti, il critico d'arte Lionello Venturi, il letterato Luigi Russo. *In Francia si pubblicano:* La force de l'âge *della de Beauvoir,* L'année dernière a Marienbad *di Robbe-Grillet, sceneggiatura dell'omonimo e discusso film di Resnais.* Muoiono Céline, Blaise Cendrars, Merleau-Ponty. *Negli Stati Uniti, muore suicida Hemingway.* *Beckett e Borges vincono il premio Formentor, istituito in questo stesso anno per iniziativa di un gruppo internazionale di editori.*	rali dissidenti organizzano un putsch: la Francia proclama lo stato d'emergenza. Nel Congo il segretario dell'ONU Hammarskjöld muore in un incidente aereo: gli succede il birmano U Thant. In Italia, muore l'ex presidente della Repubblica Luigi Einaudi.

I
LA VITA

È probabile che le scarse notizie biografiche sull'autore del *Gattopardo* abbiano contribuito in un primo momento ad accrescere la curiosità dei lettori e persino al successo cosí immediato del libro. Un alone di mistero circondava la figura di questo principe siciliano e la sua opera ne prendeva un sapore miracolistico.

In realtà, la biografia di Lampedusa è, esteriormente, una biografia tranquilla. Nato a Palermo il 23 dicembre 1896, in una delle famiglie di piú antica nobiltà dell'isola, trascorse in quella città i suoi primi anni, facendo lunghe vacanze nella grande residenza di campagna di Santa Margherita Belice. In gioventú, viaggiò parecchio all'estero. La sua educazione fu quella di tutti i rampolli delle famiglie nobili isolane: un'educazione che non lo preparava a nessuna professione, pur fornendogli strumenti preziosi per il suo arricchimento culturale. La famiglia di Lampedusa era ancora ricca: il bisnonno Giulio aveva lasciato una cospicua sostanza, che si era via via ridotta, ma ancora consentiva al nostro di condurre l'esistenza oziosa della nobiltà sicula. Non si curò infatti di portare a termine gli studi. Partecipò alla prima guerra mondiale, fu fatto prigioniero, evase e attraversò avventurosamente l'Europa a piedi per raggiungere l'Italia. Finita la guerra, rimase nell'esercito, come ufficiale effettivo fino al 1920 (pur continuando anche in seguito a occuparsi di studi militari e di strategia, e a leggere il prediletto Clausewitz). Coerentemente con i suoi principi liberali, non aderí mai al fascismo, pur non potendosi definire un antifascista attivo. Intensificò i viaggi all'estero. A Londra, ospite dello zio marchese Pietro Tomasi della Torretta, ambasciatore d'Italia, conobbe la baronessa lettone Alessandra Wolff-Stomersee, italiana da parte di madre, che poi sposò.

Il patrimonio del principe si era però, a partire dal 1933, assai assottigliato. Si era dovuta infatti dividere l'eredità del nonno. Gli eredi erano parecchi e man mano aumentarono, fino a diventare una quarantina. A Lampedusa rimase, alla fine, assai poco, abbastanza tuttavia per condurre un'esistenza moderatamente agiata, senza sciali. Gli apparteneva il palazzo avito nel centro di Palermo, con i cui affitti egli si sosteneva. Nel 1943, durante la seconda guerra mondiale, a cui il principe partecipò con il grado di capitano di artiglieria, il palazzo Lampedusa andò completamente distrutto per un bombardamento. Fu un grave colpo che lasciò tracce nello scrittore per tutta la vita. Riuscí a salvare una parte della biblioteca e a trasportarla a Capo d'Orlando, dove fu per qualche tempo ospite dei cugini Piccolo. Per colmo di sventura, l'unica bomba che un aereo di passaggio sganciò sul paesino colpí la casa dov'egli abitava e distrusse ogni cosa. Con quanto gli rimaneva delle sue sostanze, acquistò allora a Palermo un vecchio palazzo in via Butera (sarà il « palazzo a mare » del romanzo), anch'esso danneggiato e assai malconcio, e lí visse il resto dei suoi giorni, mantenendosi ancora con gli affitti degli inquilini. Il vecchio palazzo era appartenuto un tempo al bisnonno, Giulio IV di Lampedusa, l'astronomo del *Gattopardo*, di cui sappiamo ormai che il pronipote ha dato un ritratto infedele, trasformando un uomo tutto sommato debole e influenzabile in una personalità forte e tirannica.

Non riesce difficile immaginarci il principe afflitto e a disagio in una situazione del genere, alle prese con guai finanziari, legali, amministrativi, con pratiche fastidiose per le quali non era certamente tagliato.

Viveva appartato, dando confidenza a pochi, partecipando il meno possibile alla vita in società. Non si muoveva quasi. Fu un'eccezione il viaggio, nell'estate del 1954, a San Pellegrino Terme. Giuseppe Ravegnani vi aveva organizzato un convegno letterario, nel corso del quale dieci autorevoli rappresentanti della letteratura italiana contemporanea avrebbero presentato altrettanti autori ancora sconosciuti. Eugenio Montale faceva da padrino al poeta barone Lucio Piccolo, di Capo d'Orlando, anche lui una scoperta, giacché aveva piú di cinquant'anni. Piccolo era arrivato in treno dalla Sicilia facendosi accompagnare dal piú anziano cugino e da un robusto, abbronzato servitore che aveva piú l'aria di una guardia del corpo e portava sempre con sé, nascosta sotto la falda della giacca, una pistola. Ricordano, a quel convegno, il nostro principe spettatore timidissimo e silenzioso. « Era » scrive Bassani « un signore alto, corpulento, taciturno; pallido, in volto, del pallore grigiastro dei meridionali di pelle scura. Dal pastrano accuratamente abbottonato, dalla tesa del cappello calata sugli occhi, dalla mazza nodosa a cui, camminando, si appoggiava pesantemente, uno lo avrebbe preso a prima vista, che so?, per un generale a riposo o qualcosa di simile ».

È probabile, anche se non certo, che l'incontro con il mondo letterario, per il quale seguitò a nutrire scarsa simpatia, sia stato la spinta finale per il principe a cimentarsi nell'attività narrativa. Erano venticinque anni, stando a quel che testimoniano la moglie e qualche amico, che vagheggiava di scrivere un romanzo storico, ambientato in Sicilia all'epoca dello sbarco di Garibaldi a Marsala e imperniato sulla figura del suo bisnonno paterno, l'astronomo Giulio di Lampedusa, ma non aveva mai trovato il coraggio di cominciare. Finalmente si mise al lavoro. Per la verità, Lampedusa aveva dapprima avuto in mente un libro la cui azione si sarebbe dovuta contenere in ventiquattr'ore: una giornata, insomma, di Giulio di Lampedusa, coincidente con lo sbarco di Garibaldi a Marsala. Ma lo schema originario non resse.

Effettivamente, il primo capitolo del *Gattopardo*, se non il piú bello certo uno dei piú belli e quello in cui si addensa la materia piú interessante, costato all'autore molta fatica e molti ripensamenti, sta nelle ventiquattro ore. Ma Lampedusa si rese conto che non gli sarebbe riuscito di racchiudere l'azione entro quei limiti temporali e pensò a un altro schema, che contemplava venticinque anni: venticinque anni fra il 1860 e la morte del principe, altri venticinque fra la morte e le reliquie.

Cominciando a scrivere il primo capitolo, dice Gioacchino Lanza, «fu assalito dal desiderio di ricostruire, e cominciò frettolosamente a stendere i suoi *Ricordi d'infanzia*. Gli premeva ritrovare una memoria topografica, sensoria delle cose. Il manoscritto dei *Ricordi* contiene disegnini e piantine... Interrotti i *Ricordi* al capitolo su Santa Margherita Belice egli li trasportò nel romanzo e ne venne fuori un lunghissimo secondo capitolo, dove è compiuta la metamorfosi del tiranno, ancora presente nelle 24 ore del principone, in un buon uomo paternalista e lungimirante».

Gioacchino Lanza fu adottato dal principe, e ne prese il nome e i titoli. È fuor di dubbio che a lui si ispirò il Lampedusa per il personaggio di Tancredi Falconeri. Lanza ci ha dato dell'autore del *Gattopardo* un ritratto vivo e commovente, coincidente nei tratti essenziali con quello che si ricava dalle parole della moglie del principe. Era un uomo schivo, timido, metodico, tormentato dalle minute preoccupazioni dell'esistenza. Non amava trascorrere la mattina in casa. Usciva presto, alle otto, faceva colazione alla Pasticceria del Massimo, nella centrale via Ruggero Settimo. Indi, passeggiava un po', osservando la gente, i negozi, e trascorreva l'ultima parte della mattinata in un altro caffè della stessa via, il Caflisch, in compagnia di amici coetanei come Enrico Merlo, capo della Corte dei Conti della regione siciliana, e lo storico Virgilio Titone. Piú che prender parte alla conversazione, a suo gusto insipida, ascoltava. Faceva poi una capatina dal piú grande libraio di Palermo, Flaccovio, suo estimatore ed amico, che lo ricorda come persona coltissima e informatissima, un vero signore, chiaramente non in buone condizioni economiche, che non si vergognava affatto di entrare in libreria con una gran borsa nera nella quale le zucchine comperate al mercato si mescolavano con i libri di Proust (i libri erano rimasti il suo solo lusso) e i quadernoni neri da scuola su cui scriveva i suoi racconti. Sfogliato e acquistato qualche libro, il principe andava a sedersi a un tavolino del caffè Mazzara, dietro il teatro Massimo, e di lí non si muoveva per tre o quattro ore, fin verso le tre, per andare, non sempre, a fare una svelta colazione in un ristorante. In quel caffè scriveva. Rincasato, si intratteneva un paio d'ore con la moglie, nota e valente psicanalista, che seguiva orari affatto diversi, rimanendo sveglia a studiare fino a notte inoltrata e dormendo il mattino. Cenavano insieme tardi. Dopo cena Lampedusa non usciva quasi mai.

A partire dal 1954, ruppe un poco il suo isolamento. Si era fatto un gruppo di amici giovani, fra i quali Gioacchino Lanza (suo futuro figlio adottivo) e Francesco Orlando, cui dobbiamo le piú ampie e interessanti notizie sul suo conto. Con costoro, a differenza che con i coetanei, discorreva volentieri di letteratura. Del suo fascino, Francesco Orlando ci dà questa testimonianza: «In che cosa il tratto, il linguaggio, l'amabilità, l'umorismo di Lampedusa differivano da ogni esempio anteriormente sperimentato, e mi sembravano tanto superiori? Sarebbe generico limitarsi a rispondere, per quanto riguarda le maniere, che si trattava d'un gran signore cresciuto in un mondo ancora ottocentesco e in parte all'estero; benché, certo, anche sotto questo aspetto, lo separasse dalla media dei nobili palermitani un abisso spiegabile con una educazione non provinciale e con i suoi viaggi. Ma nel modo chiaro e concreto di conversare, nella lucidità semplificatrice, nell'arte di lusingare deliziosamente quando voleva o di pungere altrettanto espertamente, nell'attitudine a divertire gli interlocutori, nella facilità a risolvere i piccoli imbarazzi che punteggiano ogni rapporto umano non confidenziale, si mescolavano in varia misura raffinatezza di educazione, apporti della cultura francese ed inglese, disincanto senile, pessimismo aristocratico e formazione positivista.

« La risultante non avrei potuto definirla altrimenti, pensando a tutte le mie conoscenze ordinarie, che una maggiore *semplicità*. Una semplicità beninteso trasferita su un elevato piano dall'acume mentale, e nutrita senza sforzo dalla ricchezza di nozioni; una semplicità da paragonare meglio di tutto a quella che di solito si attribuisce, come segno d'eccellenza, all'arte di varie epoche che chiamiamo classica. Pareva che il suo modo di esprimersi sottintendesse, con spontanea costanza, una delle idee essenziali appunto al gusto del suo diletto e classico Seicento *louis-quatorzien*: e cioè l'idea che la suprema eleganza e la suprema chiarezza richiedano l'abolizione di ogni termine tecnico e di ogni gergo di mestiere, di ogni pesantezza concettosa e di ogni sottigliezza inafferrabile, e l'uso di un linguaggio mondanamente ma anche razionalmente piano e puro. »

Il contatto con questi giovani lo ravvivò, si scoperse persino voglia di insegnare, di comunicare la sua sensibilità, le sue scoperte letterarie. Insieme parlavano di scrittori inglesi e francesi (sono frutto di queste letture e conversazioni le *Lezioni su Stendhal*). I suoi maestri erano, a detta di Orlando: Swift,

Shakespeare, Dickens, Pascal, Racine, Saint-Simon, Montaigne, Proust, Goethe, Dostoevskij. Autori che egli definiva "magri", essenziali, secondo un'immagine dello stile che accarezzava anche per sé (senza peraltro realizzarla). Conosceva perfettamente l'inglese, il tedesco, il francese; discretamente lo spagnolo; aveva iniziato lo studio del russo. Poteva insomma avvicinare i grandi scrittori nei testi originali. La letteratura italiana gli piaceva poco: non nutriva simpatia per i moderni e i contemporanei, che giudicava provinciali, sentimentali, lamentosi, privi di concretezza; ma dalla severità del giudizio non si salvavano neppure i classici. L'esterofilia, scrive Francesco Orlando, « non portava come conseguenza che Lampedusa conoscesse la letteratura italiana meno a fondo della francese o dell'inglese. Ma il suo interessamento ad essa era indubbiamente meno vivo. All'età che aveva quando lo conobbi, che è un'età in cui si rilegge forse piú che non si legga, non lo sorpresi mai da Mazzara con Dante in mano, come avveniva con Shakespeare o con Proust; anche se di Dante diceva che, tagliando e spezzando imperiosamente la lingua italiana per riempire il suo verso di cose, è forse il solo poeta che ne abbia totalmente domato l'intrinseco accademismo (sarà il caso di rammentare che Lampedusa aveva ascoltato non so dove e come Enrico Thovez?). Piú sintomatico ancora era il suo disinteresse per la letteratura italiana contemporanea, apparentemente completo. Dico apparentemente perché con lui non era mai lecito esser sicuri che non avesse letto anche tutto ciò di cui non parlava; e qualche giudizio incidentalmente espresso ("la cosa migliore di Moravia è *Agostino*") può convalidare il sospetto che si tenesse informato senza parere. Resta il fatto che l'unico scrittore italiano contemporaneo di cui io lo abbia sentito parlare con elogio, a parte il proprio cugino, è Montale; ritenuto "poco meno importante di Eliot". Andando piú indietro nel tempo né Verga né De Roberto né Svevo, per sorprendente che possa sembrare, credo di averglieli sentiti nominare mai. Il solito scrupolo di mantenere una prospettiva transalpina (scrupolo che non sembrava costargli eccessivi sforzi) lo obbligava a dire cautamente che lo stesso Leopardi, poeta grandissimo, in un quadro europeo non merita poi proprio lo stesso rilievo che nel quadro italiano. Dalla morte del Tasso alla prima guerra mondiale la storia della letteratura italiana gli appariva come quella di un progressivo improvincialimento ("Carducci, dovunque all'estero, è ignorato o *méprisé*"); e c'è un passo acuto e indicativo, nelle lezioni pubblicate da "Paragone", sulla "strabiliante mancanza di concretezza" della nostra letteratura, che gli appariva somma e sommamente da rimpiangere per un secolo come il Cinquecento ».

Agli autori prima citati, bisogna aggiungere comunque, stando alle testimonianze di chi conosceva bene Lampedusa, i diaristi garibaldini, in primo luogo Brancaccio di Carpino, e gli storici, da De Sivo a Ulloa, da Mortillaro a Villarena, da Colajanni a Salvemini, da Alatri a Titone, da Gobetti a Gramsci, da Sereni a Pontieri, di cui Lampedusa aveva ben presente il pensiero e che contribuirono ad arricchire il terreno da cui nacque il *Gattopardo*.

Tutte le descrizioni del principe concordano dunque nel mostrarci un uomo raffinato e timido, passionale sotto la scorza di compostezza, insofferente della mediocrità quotidiana e pieno di orgoglio di casta, dotato di una intelligenza ironica, non corriva, spietata nel cogliere debolezze e difetti, capace ma avara di comprensione nei confronti del prossimo, amante della vita eppure con la morte addosso, non esente forse da quel difetto che Lampedusa cosí duramente e assiduamente rimproverava ai siciliani: la pigrizia. A lungo andare, dice Orlando, qualcosa, a stargli accanto, opprimeva e stringeva il cuore. C'era in lui del cinismo. « Circoscritto nel trattamento degli altri a sfumature talvolta crudeli ma sempre improduttive, il cinismo di Lampedusa si esauriva per lo piú in interpretazioni mute esternate ogni tanto e che avevano per oggetto, oltre che la letteratura, i suoi conoscenti. E proprio come succedeva per la letteratura che il preconcetto dell'implicito lo guidasse talvolta ad interpretazioni aberranti, cosí ed anche piú spesso un pessimismo morale e psicologico manovrato con troppo piacere lo portava a fraintendere l'animo delle persone; di tutti i diversi campi in cui vidi muoversi la sua portentosa intelligenza, il campo psicologico-morale è quello in cui mi apparve maggiormente inceppata da schemi semplificatori. Il suo paradosso favorito che "la peggiore delle interpretazioni possibili di un fatto è sempre la vera", significava evidentemente che l'implicito dell'implicito non può mai essere che egoismo, debolezza e cattiveria; ma la persona umana è cosa complessa, e (malgrado il suo raro spirito di osservazione) l'esclusione aprioristica di ogni movente generoso, la confusione eccessiva fra sentimenti ed interessi, la deduzione arbitraria d'intenzioni nascoste, gli vietavano non di rado di capire cosa passasse dietro la fronte del prossimo. »

Era e si sentiva un aristocratico, benché non gli sfuggissero e lo irritassero i vizi dell'aristocrazia, l'inintelligenza, la miopia, la sciatteria che le avevano tolto definitivamente la possibilità di svolgere un ruolo attivo nella società. Il suo aristocraticismo non può comunque essere dimenticato: è una componente essenziale della sua persona, e serve anche a capire il suo romanzo. Scomparso o minacciato il primato sociale ed economico della sua classe, scrive sempre Francesco Orlando, rimaneva per Lampedusa insopprimibile una cosa, « la qualità d'una specialissima educazione; talmente speciale che poteva anche passare inavvertita davanti ad occhi ordinari mentre doveva rivelarsi senza fallo a chi l'avesse ricevuta identica, quasi come all'adepto di una stessa setta segreta. Non c'era, nell'aristocraticismo di Lampedusa, nessuna esigenza di affermare ufficialmente certi valori di contegno e di mentalità; testimone, garante, destinatario di questi valori signorili bastava che fosse soltanto un altro "signore", ed era fors'anche divertente che dei borghesi potessero misconoscerli ingenuamente in un gentiluomo mal vestito e mal noto.

« Se però l'educazione aristocratica era concepita come una impronta indelebile, alla stregua di un *semel abbas semper abbas*, essa prendeva il suo pieno senso soltanto in chi potesse elevarla a consapevolezza storica. Qui la cultura si inseriva di nuovo con una essenziale funzione, per l'assenza piú o meno completa della quale la nobiltà palermitana non riscuoteva da Lampedusa che un ossequio assai debole. Solo un aristocratico che conoscesse bene la storia sapeva davvero di che cosa essere legittimamente orgoglioso, o che cosa temere ragionevolmente dal futuro; e d'altra parte, come comprenderà don Fabrizio morente, "il significato di un casato nobile è tutto nelle tradizioni, cioè nei ricordi vitali". La cultura storica di Lampedusa, permeata come ho detto dal gusto dell'aneddoto e del dettaglio, cioè da un senso concreto del passato, doveva essere altresí animata da una possibilità segreta di identificarsi coi propri pari di rango d'epoche piú fortunate. Non per nulla, quando la principessa mancava da Palermo e lui andava a cenare da solo al ristorante, si portava dietro di preferenza una grossa *Pléiade* blu di Saint-Simon da delibare durante il pasto ».

Il realismo storico, che possedeva in buona misura, impediva a Lampedusa di rimpiangere troppo il passato. « Nel piú intimo della sua concezione della aristocrazia » son sempre parole di Orlando « si erano perciò incorporati alcuni elementi aggressivi, o per meglio dire reattivi, difensivi: un nobile può sí apparire a un Sedàra caratterizzato dalla "incapacità di difendersi", però possiede nativamente alcune insostituibili doti che potranno all'occorrenza venir barattate contro tangibili vantaggi. Il nobile crea intorno a sé lo snobismo: una disinvoltura che sta al punto d'incrocio fra eleganza estetica, tatto psicologico e impeccabilità di modi, fa di lui automaticamente il centro dal quale ambite elargizioni di grazie irradieranno sui soggiogati borghesi; e questo a prescindere dalla facoltà di nobilitare sposando e imparentandosi, mercé la quale per esempio Tancredi recupera la ricchezza perduta. Fascino, lucidità e distinzione erano i doni che giustificavano le ingiustizie dell'assetto feudale prima della frattura, doni soltanto ereditariamente trasmissibili proprio come il diritto divino. Ma da quando le classi sottomesse hanno alzato il capo per impadronirsi di tutti quegli altri vantaggi che intrasmissibili non sono, ciò che è per fortuna impossibile da trasmettere può spregiudicatamente venire commerciato: lusinghe e sorrisi in cambio di rispetto e di denaro... ».

Certo, se pure la credeva praticabile, Lampedusa non mise mai in pratica lui stesso questa « nuova sorta di simonia, laica ed aristocratica ».

Il principe detestava d'altra parte la borghesia, la sua goffaggine, la sua meschinità, la sua immoralità, la sua ipocrisia, l'assenza in essa di profondi ideali.

Dopo quel che di lui abbiamo detto, apparirà abbastanza ovvio il suo giudizio poco lusinghiero sulla Sicilia: non intelligenti, secondo lui, i siciliani, ma furbastri, improvvisatori, inibiti, sonnacchiosi. Eppure, è anche troppo evidente, Lampedusa amava la Sicilia, questa terra irredimibile, di un amore soverchiante, eccessivo: l'amava come si può amare qualcosa o qualcuno nei cui confronti non si nutrono piú illusioni. Parlando della « sicilianità » come appare in Lampedusa, « simbolo universale dell'inquietudine dell'uomo moderno, sempre piú chiuso in difesa, sempre piú solo », Massimo Ganci (*La Sicilia del Gatto-*

pardo, in *Il Gattopardo. Edizione conforme al manoscritto del 1957,* Milano, Feltrinelli, 1969), dice che lo scrittore « non ha fatto della Sicilia l'oggetto della sua creazione artistica soltanto per rivelarne l'essenza, ma per elevarla a simbolo. L'aridità pietrificata delle contrade della Sicilia interna, "concepite in un momento delirante della creazione", rispecchia per lui il senso intimo della vita umana. L'irredimibilità del paesaggio assume un preciso significato esistenziale, sottratto ad ogni tentativo di storicizzazione. Non si tratta di un motivo storico e tanto meno di un motivo politico, ma di un motivo poetico. La "Sicilia irredimibile" esprime, con evidenza plastica, l'aridità dell'uomo moderno. Egli è sospeso nel vuoto, tra un passato definitivamente morto, anche se evocato in chiave di nostalgia, e un futuro sempre piú gravido di alienazione. In questo vuoto il dolore del Tomasi (la bomba prefabbricata a Pittsburg nel 1943 che ha distrutto la sua casa e il suo mondo) si allarga nello scetticismo globale in cui si fa strada la constatazione della decadenza dell'ideale, reazionario o progressivo che esso voglia essere, e la paura del trionfo del fanatismo irrazionale sull'umorismo tollerante ».

Il distacco di Lampedusa dalle cose e dalle persone era frutto della sua storia personale e del suo tipo di intelligenza, ma era anche programmatico, era la coltivazione di un personaggio: forza ma anche fragilità, cara abitudine ma anche sofferente difesa.

La moglie ce lo descrive, e le fotografie ce lo mostrano, di fisico alto, un po' greve. Era preoccupato di ingrassare e stava quindi attento a ciò che mangiava. Era piuttosto trasandato nel vestire. Con la moglie, donna molto colta e di fine intelligenza, la prima persona che ebbe chiara consapevolezza del suo valore, ebbe sempre un'intesa perfetta.

Con la stessa signorilità e con lo stesso distacco reagí alla malattia che lo assalí all'improvviso. Seppe di avere il cancro e finse di non saperlo. Continuò per mesi a condurre la solita vita, quasi che il male non lo riguardasse. Lo portarono a Roma nel maggio 1957 per un tentativo disperato di intervento, e a Roma morí nel sonno, in una clinica, il 23 luglio dello stesso anno.

Fra i molti che hanno scritto del *Gattopardo*, si può dire non vi sia stato alcuno che non abbia portato la sua pietruzza alla costruzione del mito dello scrittore incompreso, del genio misconosciuto e respinto. *Il Gattopardo* fu infatti rifiutato dai due primi editori ai quali fu presentato, e dovette attendere un anno e mezzo circa prima di imboccare la strada giusta.

Non si può non reagire con insofferenza a questa malafede accusatoria, non esente da compiacimento masochistico. Certo, *Il Gattopardo* si è scontrato in prima istanza piú che con la sordità con l'ingenuità colorata di faziosità di un lettore o di alcuni lettori che avevano deciso che cosa dovessero essere la letteratura, la narrativa, la poesia, e cosí cocciutamente coltivavano i loro schemi, da rifiutare anche ciò di cui riconoscevano i pregi, se non vi rientrava. Non sarà comunque l'infortunio, peraltro da ridimensionare, del *Gattopardo* che potrà diminuire gli eventuali, piccoli o grandi meriti di Elio Vittorini come operatore di cultura. Che Vittorini scegliesse i libri secondo l'immagine che si era fatta di una letteratura incisiva e « positiva », non è un mistero per nessuno. Il suo teorizzato e pervicacemente praticato sperimentalismo lo portò a scoprire e stampare alcuni buoni libri; lo portò anche a prender sul serio e ad avallare prodotti di cattiva lega. Era, in fondo, lo stesso errore che commettono i critici marxisti o cattolici, di giudicare l'arte alla luce di una ideologia, anche se, nel caso di Vittorini, l'ideologia, piú che politica o religiosa, aveva l'aria di essere vitalistica. C'era, ad ogni modo, un setaccio, che lasciava passare certe cose e altre ne fermava, qualche volta felicemente, qualche volta infelicemente. Ma c'è da chiedersi se ciò non accada il piú delle volte nell'incontro fra un'opera e i suoi primi lettori o giudici, e se il filtro di Vittorini fosse tutto sommato peggiore di altri, apparentemente piú obiettivi e forse piú tesi all'obiettività, ma magari meno sensibili e generosi.

Giova invece dire, per restaurare la verità offesa dalla retorica, giudicando i fatti a distanza di tempo, che *Il Gattopardo* fu un libro insolitamente fortunato. Che poi sia stato sfortunato il suo autore, morendo poco prima di vedersi pubblicato, è altro discorso. Quanti sono in verità i libri che, come *Il Gattopardo*, raccolgono un cosí fulmineo e concorde consenso degli addetti ai lavori e del pubblico? *Il Gattopardo*, come vedremo, ha qualità e difetti che spiegano questo prontissimo e corale consenso: comunque, consenso ci fu.

Vediamo come andarono le cose, rifacendoci alle testimonianze di alcuni principali protagonisti della vicenda: Giorgio Bassani; la moglie dello scrittore; il figlio adottivo, Gioacchino Lanza (il piú equilibrato nel giudizio).

Lampedusa prende a scrivere *Il Gattopardo* verso la fine del 1954 o il principio del 1955. La prima stesura, in piú quaderni manoscritti, è del periodo 1955-1956. Il libro comprendeva a questo punto quattro capitoli, che un giovane amico e discepolo dell'autore, Francesco Orlando, battè a macchina sotto dettatura. Verso il maggio del 1956, il dattiloscritto fu inviato da Lucio Piccolo al conte Federici, un funzionario della Mondadori che promise il suo interessamento. Nel frattempo Lampedusa riprendeva il capitolo su Donnafugata e lo ampliava: cosí ampliato il capitolo raggiungeva il conte Federici. L'opera veniva restituita nell'autunno del 1956 a Lucio Piccolo con un rifiuto cortese, ma di tono un po' troppo burocratico: i lettori della casa editrice, e non si sa se fra questi ci fosse già Vittorini o fino a che punto Vittorini avesse posto attenzione al libro, non lo ritenevano, nonostante i suoi molti pregi, pubblicabile. Lampedusa sofferse, come tutti gli autori, del rifiuto. Giova dire che nessuna delle persone che nel frattempo avevano letto *Il Gattopardo* — amici, parenti, discepoli del nostro, eccezion fatta sembra per la moglie — ne erano rimasti particolarmente colpiti. Un critico musicale del «Corriere di Sicilia», Ubaldo Mirabelli, fece pervenire il dattiloscritto, tramite il libraio Flaccovio, a Vittorini, che dirigeva allora per l'editore Einaudi la collana «I Gettoni». Dopo una prima sollecita risposta interlocutoria, giunse la risposta definitiva di Vittorini nella primavera del 1957, quando l'autore stava per morire, a Roma, dove si era recato per un ultimo estremo tentativo di combattere il male. Il motivato giudizio di Vittorini escludeva che *Il Gattopardo* fosse adatto alla collana «I Gettoni», rilevava, accanto ai pregi, molti difetti, in particolare la trama oleografica, e suggeriva modifiche.

Lampedusa aveva nel frattempo ricopiato a mano il romanzo, che si presentava ora in otto capitoli, ciascuno con un sommario, e con l'indicazione sul frontespizio: *Il Gattopardo* (*completo*). Questo quaderno manoscritto fu dall'autore consegnato nell'aprile 1957, prima di partire per Roma, al figlio adottivo, Gioacchino Lanza. Prima di morire, in un appunto personale lasciato a costui e alla moglie, il principe diceva che avrebbe gradito la pubblicazione del libro, ma non a sue spese.

Seguendo un altro itinerario, il romanzo era stato passato da un amico di casa Lampedusa, l'ingegnere Giorgio Giargia, ad Elena Craveri Croce. La Croce, che ne lesse qualche pagina e ne ebbe una buona impressione, lo trattenne per alcuni mesi senza farne nulla, essendole stato detto che trattative editoriali erano in corso e si sperava andassero a buon fine. Rifiutato il romanzo da Mondadori e da Einaudi, lo passò nella primavera del 1958 a Giorgio Bassani che dirigeva per Feltrinelli una «Biblioteca di Letteratura». Bassani si rese conto del valore del libro, si mise in contatto con la moglie di Lampedusa, con Gioacchino Lanza, con la contessa Biancheri sorella di costei, fino a venire in possesso anche del manoscritto del 1957. Con l'aiuto di Nicolò Gallo mise a punto il testo per la stampa, tenendo valido fondamentalmente il dattiloscritto integrato con i capitoli del ballo e delle vacanze di padre Pirrone, e servendosi del manoscritto di Lampedusa, contenente le varianti e le aggiunte apportate al testo dall'autore. Giustamente Bassani si comportò con libertà, dando la lezione che gli sembrava migliore, non pretendendo di effettuare un'edizione critica, che sarebbe stata di dubbio significato e utilità, e intervenendo su dettagli, come la punteggiatura, trattata dall'autore con disinvoltura e approssimazione.

La prima edizione del *Gattopardo* usciva cosí presso l'editore Feltrinelli, con prefazione di Bassani, nel novembre 1958. Tremila copie, segno che l'editore non si attendeva un grande successo. Una calda recensione di Carlo Bo, su «La Stampa», dette praticamente il via al concerto della critica, che si impadroní avidamente della leggenda di Lampedusa, e il libro iniziò quella marcia trionfale che ne ha fatto uno dei *best-sellers* del secolo.

Cerchiamo di riassumere. Lampedusa ha praticamente un dattiloscritto da poter inviare a degli editori nella primavera del 1956. In due anni *Il Gattopardo* riesce a farsi leggere e rifiutare da due grandi editori, a suscitare l'affettuoso interessamento di amici e letterati, a farsi scoprire da un altro letterato, a uscire presso un terzo editore allora sulla cresta dell'onda.

Chi potrebbe a questo punto parlare di sorte iniqua, di eccezionali difficoltà? Non dimentichiamo che Lampedusa era un isolato, totalmente fuori dal giro dei letterati, incapace di usare qualsiasi accorgimento o pressione per vendere se stesso o una cosa che gli appartenesse. Probabilmente sarebbe bastato ch'egli bussasse contemporaneamente a un paio di porte in piú, che si facesse vivo presso qualcuno dei letterati che, accompagnando nel 1954 il cugino Lucio Piccolo al convegno di San Pellegrino, aveva conosciuti, perché la faccenda andasse in porto ancor piú rapidamente.

Ma non è davvero il caso di parlare di sfortuna del *Gattopardo* che, a prescindere dal suo valore (e il valore non condiziona affatto la rapidità degli itinerari che i libri percorrono), ebbe la vita facile. Se vogliamo trovare un esempio di angosciosa e veramente tormentosa attesa, di iniquità della sorte e di incredibile sordità della repubblica letteraria, ricordiamo piuttosto la vicenda di Svevo, il bieco silenzio in cui caddero i suoi due primi romanzi, a paragone dei quali, ci sia consentito di dirlo a chiare lettere per dissipare un fastidioso equivoco, *Il Gattopardo* sembra piccola cosa: Svevo che riesce, colpito da questo totale silenzio, a convincersi di non essere e di non poter mai essere uno scrittore, sicché passerà buona parte della sua vita portandosi addosso la repressa coscienza del proprio valore e la decisione di non scrivere piú, fino a che l'avventuroso incontro con Joyce e un paio di articoli finalmente acuti gli ridaranno fiducia e gli faranno metter mano al suo capolavoro.

Non appena *Il Gattopardo* arrivò fra le mani di un lettore non « sperimentalista » come Vittorini, non quindi altrettanto teso a perseguire una propria poetica anche attraverso i libri altrui e le scelte di questi libri, gli si spalancarono strade maestre. La verità è dunque che, a parte l'infortunio vittoriniano, che significò d'altronde solo una tollerabilissima, normalissima e per nulla scandalosa attesa, e che fu dovuto all'incontro di due sensibilità diverse, *Il Gattopardo* fu riconosciuto di primo acchito e tutti fecero a gara per spianargli il cammino. Un insieme di circostanze, alcune aneddotiche, giocarono in suo favore.

Lampedusa non poté godere di questo successo. Sicché, il discorso delle pretese difficili vicissitudini del *Gattopardo* si configura, alla fine, come un discorso umano, comprensibile ancorché assurdo. Chi dice: « non avete saputo riconoscere subito *Il Gattopardo* », vuol dire in realtà: « peccato che non siate stati cosí svelti da riconoscerlo prima che il suo autore morisse ».

Se fosse vissuto, Lampedusa avrebbe probabilmente rimesso mano al libro, lo avrebbe forse dilatato in certe parti e in altre ristretto, gli avrebbe conferito piú compattezza e organicità, avrebbe posto rimedio ad alcune discontinuità stilistiche e materiche. Non sarebbe riuscito probabilmente a farne qualcosa di radicalmente diverso o di molto piú valido: l'operazione si sarebbe svolta sul piano dell'affinamento e della malizia letteraria. Sono ipotesi, certo, ma abbastanza giustificate alla luce delle altre pagine critiche e narrative di Lampedusa, della loro esilità per un verso e, per un altro verso, del loro essere tutte accenni, amplificazioni, approfondimenti di temi e motivi dell'opera principale, rivoli di memoria che confluiscono nel corso principale o, qualche volta, se ne separano formando un reticolo che tuttavia ci fa dire: « l'acqua è quella: quella è la sua quantità e qualità ». Lampedusa sarebbe rimasto con ogni probabilità autore di un solo libro. È solo peccato che la gioia di questo libro sia rimasta per lui gioia di creazione, non sia potuta diventare gioia di fortunato incontro con i lettori. Possiamo rincrescercene, pur sapendo che Lampedusa è in buona compagnia, e che anzi il suo cruccio di alcuni mesi è stato per altri scrittori, di lui assai piú importanti e piú innovatori, cruccio e fatica di tutta la vita.

Ridotta cosí entro meno passionali termini la leggenda della iniqua sorte del *Gattopardo,* spendiamo qualche parola sul problema filologico. Anche questo un bel caso di esaltazione. Abbiamo visto che, in sostanza, *Il Gattopardo* si presenta in due versioni: una prima stesura manoscritta, dettata dall'autore a Francesco Orlando che la battè a macchina. Come Gioacchino Lanza bene illustra, questo dattiloscritto aveva l'approvazione dell'autore. La copia in possesso di Gioacchino Lanza è accuratamente corretta « e presenta alcune aggiunte autografe: numerazione delle pagine e delle parti; apposizione dell'ambientazione temporale con l'indicazione del mese e dell'anno premessa ad ogni parte; non manca la sostituzione di qualche vocabolo ». Abbiamo visto che Bassani praticamente utilizzò questa stesura, integrata dalle pagine pure dattiloscritte del capitolo del ballo e da quelle invece manoscritte del capitolo delle vacanze di padre Pirrone. La seconda versione è il manoscritto redatto dall'autore nel 1957.

Uscito il romanzo e già conclamato il suo successo, Carlo Muscetta, paragonando il dattiloscritto al manoscritto del 1957, scoperse differenze a suo parere rilevanti anche dal punto di vista stilistico. Il risultato di questa scoperta e della conseguente polemica, fu una nuova edizione del *Gattopardo* « conforme al manoscritto del 1957 », uscita sempre presso Feltrinelli nel dicembre 1969, con una prefazione molto chiara ed equilibrata di Gioacchino Lanza. Mai il lettore non addetto ai lavori potrebbe rilevare fra questa e la precedente edizione alcuna differenza. Come d'altronde lo stesso Lanza riconosce, *Il Gattopardo* è rimasto *Il Gattopardo*: le correzioni che l'autore apportò al dattiloscritto sono infatti inessenziali e non tali da alterare il contenuto, lo stile, il significato, la prospettiva dell'opera. Sono, per la verità, migliaia di correzioni, ma del tipo che ogni autore apporta sulle bozze di stampa, e piú volte vede le bozze piú ne apporta, magari appropriate e opportune, ma raramente rilevanti ai fini del risultato. Si tratta di inflessioni dialettali sostituite da dizioni italiane, di esclamazioni ed enfasi smussate, di frasi liberate da qualche eccesso, di sostituzioni di sostantivi o aggettivi, di eliminazione di veniali inesattezze, di modifiche non sempre felici alla punteggiatura. Soltanto in due punti si trovano cambiamenti di qualche rilievo: eliminazione di un piccolo brano descrittivo e, in un altro punto, ampliamento della descrizione. Nell'un caso e nell'altro, si tratta di poche righe. Il libro ad ogni modo non è mutato, né la cosa può stupire, se si pensa che non è libro nel quale la lingua giochi un ruolo essenziale. Non c'è alcuna profonda operazione linguistica nel *Gattopardo*: la lingua è piú o meno felice e funzionale, ma non è « tormento », anche se, come ovvio, è un certo tessuto, anche se ha un suo sapore, un suo colore, una sua originalità. La lingua del *Gattopardo* è un aggregato di segni, che vale in originalità e in effetto nel suo complesso; ma i singoli segni si direbbero, in buona misura, trattabili, mutabili senza gravi inconvenienti. Una rifinitura finale da parte dell'autore ci avrebbe dato molto probabilmente un testo piú pulito, ma non un libro « diverso ». Come sia Bassani sia Lanza hanno osservato, il manoscritto, che rappresenta la stesura ultima, non è sempre, anche se lo è spesso, preferibile al dattiloscritto.

Pur che teniamo presenti questi limiti, possiamo anche auspicare un'edizione critica del *Gattopardo*. (Quella del 1969 sopra citata non lo è infatti: come giustamente osserva Bassani, non esiste un apparato riguardante le varianti, non si tiene conto sia del dattiloscritto sia del manoscritto, che essendo stati entrambi rivisti dall'autore, hanno la stessa autorevolezza.) Sarà un divertimento filologico: un'edizione che collezionerà ogni fonte disponibile e offrirà agli studiosi della letteratura un materiale, piú che prezioso, curioso; si capirà meglio il perché di certe soluzioni stilistiche di Lampedusa; si vedrà piú chiaro nella meccanica della sua scrittura. C'è però da domandarsi fino a che punto ciò sia importante per un libro del genere, la cui virtú è altrove. E comunque, da una edizione critica cosiffatta i comuni lettori del *Gattopardo* non ricaverebbero gran che.

Il successo del romanzo di Lampedusa fu, abbiamo detto, corale e rapidissimo. Del *Gattopardo* si sono vendute, dalla sua uscita, piú di un milione di copie in Italia, senza contare le traduzioni in quindici lingue (i *Racconti* sono stati invece tradotti in undici lingue).

Si sono poi cimentati col *Gattopardo* sceneggiatori, registi, musicisti. E a questo val la pena di accennare.

Dal romanzo è stata tratta una riduzione radiofonica, a cura di Giuseppe D'Agata.

Piú interessante un'opera lirica, con libretto e regia di Luigi Squarzina (Milano, Ricordi, 1967) e musica di Angelo Musco. La prima rappresentazione ebbe luogo al Teatro Massimo di Palermo il 19 dicembre 1967, con notevole successo. Anche le reazioni della critica furono in genere positive nei confronti del librettista e regista Squarzina, del musicista Musco, del coreografo Ugo Dall'Ara, degli interpreti tutti, fra i quali si segnalarono particolarmente il basso Nicola Rossi Lemeni nella parte di don Fabrizio, Enrico Campi in quella di padre Pirrone, Ottavio Garaventa in quella di Tancredi, e via via Guido Mazzini (Sedàra), Antonio Annaloro (Russo e Tassoni), Luigi Infantino (Tumeo), Lidia Marimpietri (Concetta), Maria Bertoldi (Angelica). Un tentativo, tutto sommato, felicemente risolto sul piano musicale e spettacolare. Intelligente, raffinata, ricca di originali intuizioni, a tratti di singolare potenza espressiva, la musica di Musco non si limita a rivestire meccanicamente di suono, per dirla con Guido Pannain, la parola, ma la strumentalizza liberamente e la arricchisce. La regia di Squarzina, d'altra parte, seconda la musica, ne esalta con un sapiente gioco di evanescenze e dissolvenze, di ombre e chiaroscuri la delicatezza. Certo, nessuno potrebbe aspettarsi di ritrovare in un libretto d'opera *Il Gattopardo*. Squarzina è stato accortissimo e discreto, non ha commesso fastidiosi arbitri, ha dato prova di molto gusto e misura: il suo testo non aggiunge nulla al romanzo, non fa violenza ai personaggi e alla vicenda; le parole stesse, le frasi sono, quando possibile, tolte dal romanzo, pari pari. Ciò che inevitabilmente va perduto, nel testo e nel gioco scenico, sono le sfumature caratteriali dei personaggi, la loro anima contraddittoria, la loro perplessità e ambiguità, se vogliamo quell'aria di sconfitta e di morte di cui sono carichi anche i loro gesti piú assertivi e vitali. Diciamo che, nonostante le apparenze, nonostante il suo scenario e la trama favolosa, *Il Gattopardo* è un libro arduo da tradurre in altro linguaggio: la sua poesia è, infatti, tutta nell'ambiguità e nel tormento intellettuale del personaggio don Fabrizio. Ambiguità e tormento quasi immobili, non tali quindi da prestarsi a quel tipo di gioco drammatico che il teatro esige.

Le stesse considerazioni valgono un po' per il cinema. Pensiamo al film di Luchino Visconti (sceneggiatura dello stesso Visconti e di Suso Cecchi d'Amico, Enrico Medioli, Pasquale Festa Campanile, Massimo Franciosa; fotografo, Giuseppe Rotunno; montatore, Mario Serandrei; scenografo, Mario Garbuglia; costumista, Piero Tosi; arredatori, Giorgio Pes e Laudomia Hercolani; musiche di Nino Rota; un cast di attori di prim'ordine, da Burt Lancaster – don Fabrizio – a Claudia Cardinale, Alain Delon, Paolo Stoppa, Rina Morelli, Romolo Valli, Mario Girotti, Pierre Clementi, Lucilla Morlacchi, Giuliano Gemma). Con un lavoro scrupoloso e pazientissimo, superando difficoltà d'ogni genere, Visconti cercò di ricostruire fedelmente l'ambiente, di ridare l'intima atmosfera del romanzo. Il film trascura gli episodi inessenziali o discutibili (la visita di padre Pirrone a San Cono, gli avvenimenti successivi alla morte del principe); invece introduce ex novo alcuni quadri che descrivono la battaglia dei garibaldini e della popolazione contro i borbonici nelle strade di Palermo, e indugia moltissimo sul ballo a palazzo Ponteleone (il ballo occupa quasi un terzo dello spettacolo). Ciò risponde a un preciso disegno di Visconti e alla sua interpretazione del romanzo. Conviene apprendere questo disegno dalle parole stesse del regista, tratte da un suo dialogo con Antonello Trombadori (lo si può leggere in *Il film « Il Gattopardo » e la regia di Luchino Visconti*, a cura di Suso Cecchi d'Amico, Bologna, Cappelli, 1963: il volume contiene un breve saggio *Dal romanzo al film* di Emilio Cecchi, un *Dialogo con Visconti* di Antonello Trombadori, la sceneggiatura, un pezzo su *La realizzazione* di Tommaso M. Cima, i titoli di testa, numerosissimi fotogrammi del film e fotografie di carattere documentario). Alla domanda di Trombadori se nel film abbiano preso il sopravvento i motivi storico-ideologici ai danni di quelli umani, psicologici ed esistenziali dei personaggi di Lampedusa, Visconti risponde: « I motivi storico-politici non prevalgono sugli altri: corrono nelle vene stesse dei personaggi, come una parte essenziale della loro linfa vitale. In alcuni affiorano e si manifestano apertamente, in altri sedimentano opachi o trascorrono rapidissimi. Certo è inutile cercare nel mio film quella contrapposizione scettica e senza costrutto tra intimità dei sentimenti e passioni collettive, tra impulsi irrazionali del cuore e movimenti reali della storia, insomma tra disperazione e speranza, che taluni hanno voluto leggere nel *Gattopardo*, tentando per diversi interessi di collocare questa opera, che è ben iscritta nell'anagrafe del realismo, in non so qual sorta di vago eliso, del resto assai provinciale, della cosiddetta letteratura dell'angoscia ». E più avanti: « Io ho sentito che tutto ciò che nel romanzo si sviluppa oltre il nesso 1861-62 potevo anticiparlo e bloccarlo grazie al linguaggio del cinema, esattamente in quell'arco di tempo, ricorrendo, naturalmente, a una forzatura espressiva, a una dilatazione iperbolica dei tempi del ballo in casa Ponteleone; non tanto nel senso di una loro modificazione rispetto al testo scritto, quanto nel senso della sottolineatura di tutto ciò che quelle mirabili pagine contengono di simbolico e di riassuntivo dei diversi conflitti, dei diversi valori e delle diverse prospettive possibili della vicenda narrata ».

Nulla da dire sulla maestria e sull'intelligenza di Visconti: il suo film si vede con piacere, ha momenti di seduzione, di splendore, di delicatezza. Come prodotto autonomo tuttavia si deve giudicare, piú che come una lettura del *Gattopardo*. Per Visconti, nel *Gattopardo* « i modi particolari di affrontare i temi della vita sociale e dell'esistenza che furono del realismo verghiano e della "memoria" di Proust trovano un loro punto di incontro e di sutura ». Cosí egli vuol dire di non avere soltanto ceduto al fascino del momento della « memoria » e della « premonizione », ma di avere letto il libro in chiave anche realistica.

Che questa interpretazione del *Gattopardo* sia valida è discutibile; ancor piú discutibile che nel film si sia felicemente tradotta. Ma il discorso sarebbe ozioso. Una cosa è certa: come nel melodramma di Musco e Squarzina, nel film di Visconti c'è — e non potrebbe non esserci — rispetto e insieme infedeltà al libro. Ciò che soprattutto manca, abbiamo già detto, è l'ambiguità, la contraddittorietà. Pretendere di avere dal melodramma o dal film in questione un aiuto a capire il romanzo di Lampedusa sarebbe un'assurdità.

Diciamo per ultimo che al *Gattopardo* non è stato risparmiato il premio Strega, questa supersagra letteraria italiana: presentato da Ignazio Silone e da Geno Pampaloni, nel 1959, il romanzo facilmente vinse.

II

LE OPERE
TEMI E MOTIVI

Le « Lezioni su Stendhal » e la poetica di Lampedusa

Nel 1955, Lampedusa mise su carta una parte del corso di letteratura francese dell'Ottocento che negli ultimi anni della sua vita teneva, nella casa di via Butera, a un gruppo di giovani amici. Il fatto che queste pagine non fossero destinate alla pubblicazione non fa che renderle piú utili alla conoscenza del carattere, dell'ingegno, della cultura di Lampedusa, del terreno insomma dal quale nacque *Il Gattopardo*. È in questa chiave che qui ne parleremo: non ci interessa cioè verificarne l'oggettivo valore critico, bensí trarne indicazioni per capire la poetica del nostro autore, l'immagine ch'egli coltivava della letteratura e della narrativa in particolare.

Diciamo subito che l'ammirazione di Lampedusa per Stendhal è qualcosa di piú dell'omaggio del critico e dell'uomo di cultura; qualcosa di piú anche della commozione e della partecipazione del lettore sensibile. È, di volta in volta, riconoscimento e desiderio di un'affinità fra sé e uno scrittore assunto come maestro.

Ciò che innanzitutto nelle opere di Stendhal colpisce Lampedusa è la poliedricità. Sono, a suo avviso, opere di primo piano, d'accento personalissimo e letterariamente preziose, ma in piú, possono « esser considerate da vari punti di vista »; sono cioè congegnate in modo « da riuscire a presentarci lunghe e diverse prospettive spirituali da qualunque punto di vista vengano osservate ». Le possiamo considerare, soprattutto *Le rouge et le noir* e *La Chartreuse de Parme*, come romanzi storici, anzi come romanzi « divenuti per noi storici, cioè come oggettivazione compiuta di un'epoca che fu bensí contemporanea dell'autore ma che per noi è divenuta remota, percepibile soltanto attraverso l'arte ». E questo è il loro aspetto piú oggettivo. Ma se ci si sposta un poco, esse ci appaiono sotto una visuale tutta diversa, lirica. Ancora uno spostamento, e se ne scorge un'altra facciata, « quella nella quale lo psicologo ha lavorato di bulino. È facile proporsi di rappresentare se stessi o la propria controfigura in modo lirico. È assai meno facile riuscire a farlo in modo compiuto, mostrando i propri anditi segreti, le proprie contraddizioni, le sfumature innumerevoli nelle quali si atteggia una personalità, esponendo senza iattanza le proprie virtú, senza ritegno le proprie pecche. Questo Stendhal ha fatto con maestria infallibile ». Ma perché il romanzo esista, non basta che lo scrittore vi si manifesti. Ci sono gli *altri*, anch'essi universi omogenei, ma contraddittori, e nel romanzo questi *altri* devono solidificarsi.

Ecco dunque già abbozzata un'immagine di Stendhal scrittore sfaccettato e completo: grande lirico, grande osservatore della congiuntura storica, grande moralista, la cui morale di tipo epicureo pone l'accento sui piaceri spirituali piú che su quelli del corpo, giacché il piacere si trova piú nella ricerca che nel possesso. Per dirla con Stendhal: « Si la vie cessait d'être une recherche elle ne serait plus rien ». E poiché una ricerca non può essere condotta senza fatica, e la fatica non può essere sopportata senza energia, la morale di Stendhal « postula il culto dell'energia ». È qui, d'altronde, la radice dell'amore di Stendhal per l'Italia e gli italiani: nonostante i pericoli che si annidano nell'incessante ricerca del piacere propria del nostro popolo, tale ricerca implica una simpatica riserva di energia.

Ciò che piú positivamente colpisce Lampedusa è tuttavia lo stile stendhaliano: questo stile di cui Stendhal stesso diceva di volerlo *da codice civile*; stile spoglio di qualsiasi belletto, avaro di aggettivi, paragonabile a quello della prosa settecentesca, con la differenza che Stendhal se ne serve per esprimere e trasmettere al lettore dei sentimenti, non solo dei ragionamenti. In questo stile snello, privo di ridondanze risiede gran parte del genio stendhaliano, aiutato peraltro dal disinteressamento che « la fine della ricerca gl'ispirava al cospetto dei suoi personaggi ». Questo stile è frutto di una ricerca laboriosa e di un continuo lavoro di eliminazione; ma soprattutto « richiede a proprio fondamento una eccezionale abbondanza di idee oltre che di memorie e di esperienze, perché se vi fosse qui la minima assenza di materia vitale essa salterebbe immediatamente fuori ». Il metodo di Stendhal è l'*eliminazione*. Stendhal rimuginava a lungo le proprie esperienze, i propri desideri, gli aneddoti di cui era ghiotto, ma mentre li rimuginava e riassaporava

> « li sottometteva a una critica psicologica ed estetica, esercitate sempre nel senso di *eliminare*; ad un certo punto gli rimaneva in petto soltanto l'*essenziale*, già in parole essenziali formulato. Si poneva a tavolino e non aveva che da ricopiare, per cosí dire, dalla propria memoria *ridiventata sensazione* il suo libro. Era affare di pochi giorni. Ed il testo appariva sciolto, irruente, improvvisato, mentre era il frutto di una lunga e minuziosa elaborazione compiuta però non sulla carta, sulla quale non si possono fare elaborazioni che di parole, ma nel ca-

lore della sensazione, con l'infallibile istinto che tende a render noti i pensieri prima che li formuliamo. (Essi si intorbidano dopo, alla scrittura) ».

C'è senza dubbio qui qualcosa di autobiografico, nel senso che Lampedusa pensava al *Gattopardo* e alla sua lunga gestazione. La sua non è, evidentemente, una negazione della utilità dello scrivere, del ricercare scrivendo, del lavorare accanitamente su ciò che si è scritto: ma ne è una molto decisa svalutazione. Il vero lavoro è prima: nel raccogliere, nel selezionare, nell'atteggiare i materiali. La scrittura è mentale, è prima del gesto e il gesto non può che impoverirla o deteriorarla. Con ciò Lampedusa ha l'aria di andare oltre l'enunciazione di una poetica e di dire, probabilmente senza avvedersene, la propria filosofia e il proprio atteggiamento vitale. Il gesto è sempre meno di ciò che lo precede, della sua stessa urgenza, della ricerca. In qualche modo il gesto è la morte, quanto meno è deterioramento di ricchezza — una ricchezza che, quando si spende, non si spende mai ottimamente, con piena rispondenza all'intenzione e al potenziale. L'inevitabilità del gesto (che qui è scrittura, ma può essere tutto ciò che sta nell'ambito dell'operatività) non può indurre a negarne la povertà.

Vediamo dunque qui un'altra notazione autobiografica dell'artista, dell'intellettuale, dell'uomo. Anche la storia, come un libro, è gesto compiuto, che non può non compiersi ma che l'intelligenza non può, in fondo, non detestare. La negazione della storia che permea l'opera di Lampedusa va d'accordo con questa formulazione di poetica: è rifiuto del gesto. Formulazione ch'egli esaspera, proponendoci un'altra felice osservazione su Stendhal: ogni opera stendhaliana « è, per cosí dire, scritta su due colonne, composta cioè in egual misura di sensazioni espresse e trasmesse, e di una seconda serie di sensazioni comunicate soltanto mediante un accentuato silenzio destinato a far drizzare le orecchie al lettore attento ». Piú avanti riferisce un giudizio di Stendhal su Raffaello, tratto dalla *Histoire de la peinture*: « On trouve rarement chez Raphaël des actions terminées, c'est à dire telles que le personnage n'ait plus aucun mouvement à faire. C'est ainsi qu'il a su mettre en jeu l'imagination du spectateur ».

Il rapporto di Lampedusa con Stendhal è dunque, al tempo stesso, riconoscimento di affinità, percezione della propria inadeguatezza al modello, pretesto alla configurazione di un metodo di scrittura. Lampedusa ravvisa in Stendhal se stesso quando ne parla come di un conoscitore profondo « del cuore umano, inteso sempre come variante del proprio cuore », di un « sensibilissimo osservatore delle condizioni ambientali », di uno scrittore « che la delusione ha di già spinto verso la comprensione ironica, scritta con prestigiosa rapidità e brio non volgare ». Tuttavia lo stile di Stendhal, frutto di rinunzie, dal quale è bandito « qualsiasi vocabolo troppo significativo o sontuoso che talvolta può render bella la pagina ma che di colpo pone il lettore al di fuori dell'azione », gli appare una meta difficilmente attingibile: è cosí che bisogna scrivere, ma « ciò è possibile solo a pochi, perché per scrivere cosí occorre avere a disposizione piú idee che parole ».

Questa prevalenza delle idee sulle parole aiuta a capire il modo di esprimere il tempo dei romanzi stendhaliani. In *Le rouge et le noir* non vi è il rallentamento che si trova, per esempio, in *Guerra e pace*, ma

« una accelerazione costante. La durata delle azioni *veramente* narrate è minore del tempo di lettura, e da ciò deriva la necessità di spronare l'espressione la quale si svolge davvero come un galoppo di cavalli veri... Gli sforzi di Stendhal sono rivolti a ottenere una concentrazione sostanziale dei momenti psicologici. Di ciascuno di questi egli ha salvato soltanto ciò che era essenziale e soltanto in seguito lo ha sottoposto alla distillazione del suo stile, uno dei piú svelti che esistano. I "monologhi interiori" dei personaggi sono brevissimi: qualche rigo. La transizione fra essi e il resto del racconto vien costituita da alcune frasi indirette che formano un dolce pendio fra un genere di esposizione e l'altro ».

Le soste nell'azione, necessarie al riposo del lettore, sono congegnate in modo da essere anch'esse necessarie all'azione e non diversive, e sono ottenute mediante un semplice mutamento di tono.

Un'altra affinità che probabilmente Lampedusa trova fra sé e Stendhal è nel rapporto che lega il narratore, il protagonista del romanzo, ai fatti. Osservando l'andatura leggiadra che prende nella *Chartreuse de Parme* la narrazione di certi fatti violenti, e in ciò ravvisando una qualità peculiare di Stendhal, egli trova questa spiegazione: i fatti, nel libro in questione,

« non intendono essere narrati come *sono* ma come *appaiono* al temperamento frivolo, ma nello stesso tempo coraggioso e "strafottente" di Fabrizio, temperamento di "uomo di società" che riduce al proprio livello il mondo esteriore... Questo modo di narrare è di una difficoltà prodigiosa: l'autore deve restare sempre nella pelle del suo protagonista; e poiché il mondo è visto tutto intero attraverso gli occhi di questi, anche il lettore contempla tutto attraverso questa mente smagata, simpatica, accomodante, signorile e non troppo intelligente. Il risultato è che il lettore percorre quei trenta anni che dura il romanzo avendo le sensazioni di puro gioco, di cosa indifferente e superflua che un simile temperamento dona a chi lo possiede.

E il lettore è trascinato nel supremo piacere di levità e di spettacolo che effettivamente il mondo fu per Fabrizio Del Dongo ».

Qui possiamo fermarci, perché, abbiamo detto, non ci proponiamo di sottoporre a verifica la validità dell'interpretazione che Lampedusa dà di Stendhal.

Fabrizio Del Dongo come Fabrizio Salina; Stendhal come (nell'aspirazione o nella riuscita, comunque nella parentela) Lampedusa. Parlando del *Gattopardo* converrebbe non perdere mai di vista queste pagine e soprattutto queste ultime righe. Lampedusa avrebbe voluto essere Stendhal, uno scrittore come lui « magro », essenziale.

È ancora Francesco Orlando a riferirci l'empirica distinzione che Lampedusa aveva istituito fra scrittori « grassi » e « magri », e a spiegarci in che cosa i due gruppi si diversificassero: « ... i "grassi" esprimono tutti gli aspetti e tutte le sfumature di quanto vanno dicendo; sottraggono al lettore la responsabilità di dedurre e sviluppare lui stesso a partire dalle loro parole, perché tutto risulta già dedotto e sviluppato da esse. I "magri" invece vanno letti addossandosi di buona voglia questa allettante responsabilità; il senso delle loro pagine succinte domanda segretamente di essere integrato dalla collaborazione del lettore; in loro, il non detto è più succoso del detto e non è meno preciso, perché un'arte sapiente ed allusiva avvia infallibilmente ad esso il lettore perspicace ». Scrittori « magri », secondo Lampedusa, erano per esempio, oltre a Stendhal, Racine, Laclos, Mallarmé, Gide; « grassi »: Dante, Shakespeare, Montaigne, Balzac, Mann.

Nonostante le sue asserite preferenze per il primo gruppo, Lampedusa era, dal suo gusto, portato più verso il secondo. Il suo vero prediletto era il « grassissimo », barocco Shakespeare, ed egli stesso doveva rivelarsi scrittore « grasso » nel *Gattopardo*, l'opera che avrebbe dato, dice Orlando, « il vero senso retrospettivo della propensione affascinata, gelosa, quasi invidiosa di lui per i "magri": il senso di omaggio ad un ideale che si fa teorico perché sterile, perché corrispondente ad una specie di negativa di noi stessi, a ciò che vorremmo fare e non faremo». Il culto della «magrezza» si esprimeva anche, in Lampedusa, con l'avversione per l'esplicito e per il melodramma. Attacchi pesanti si trovano in abbondanza nel *Gattopardo*, oltre che nelle *Lezioni su Stendhal*: il melodramma è per Lampedusa una forma d'arte deteriore, edonistica, sentimentale, superficiale, provinciale; è, appunto, arte «esplicita», arte che dice, proclama tutto, non lascia indovinare la verità dietro le parole valendosi di sottintesi, allusioni, perifrasi.

Certo, Lampedusa era tutt'altro che convinto di avere realizzato nella sua scrittura il modello stendhaliano. Orlando ci dice i dubbi ch'egli nutriva a momenti sul *Gattopardo*, il cui stile era «grasso», non «magro», «era cioè ricco e non povero di aggettivi, opulento e non parco nelle descrizioni, completo e non allusivo nelle analisi, e non meritevole dunque delle sue lodi preferite: secchezza, sobrietà, indiretta evocazione». Tuttavia doveva essere persuaso di avere onestamente tentato la via della «magrezza», e comunque quella era la maniera in cui pensava si dovesse scrivere, quello il modo in cui, a suo avviso, il narratore doveva usare e trasformare la materia.

Da quel che Lampedusa dice di Stendhal, si capisce che in lui convivono la ricerca e il rifiuto dell'oggettività, ovvero il perseguimento di un'oggettività diversa da quella che comunemente si intende. Il realismo e l'arte dello scrittore non consistono nel cercare una essenza delle cose indipendente dal soggetto che vi si esercita; una essenza che prescinda dall'occhio (occhio della mente e del corpo), dal tempo, dalle circostanze, per attingere e dire la quale non vi sarebbe dunque che un modo, sicché se la si attinge e dice diversamente ciò è per imperfetta virtú dell'occhio. Quel che lo scrittore realista ricerca è invece l'atteggiarsi delle cose nella mente e nel cuore del suo personaggio, il guardar le cose con l'occhio del personaggio. L'essenza, la realtà delle cose è nell'occhio. Arte realista è dire come la cosa vive nella sensibilità, nell'intelligenza del personaggio.

Da qui si arriva facilmente a un'altra affermazione: quanto piú lo scrittore saprà scindersi dal personaggio o – che è lo stesso – non essere un personaggio solo, ma di volta in volta ciascuno dei diversi personaggi che popolano i suoi libri, tanto piú sarà realista. La ricerca di oggettività non riguarda il rapporto scrittore-cosa, ma il rapporto scrittore-personaggio. È un problema arduo da risolvere, perché la tentazione di identificarsi con un personaggio, per solito il principale, quello che piú guarda e dice, di trasferirvi se stesso è forte. Diciamo che è quasi impossibile respingerla totalmente. Diciamo anche che il trasferirsi dello scrittore nel personaggio mina il realismo della narrazione tanto piú quanto piú lo scrittore è lontano dal mondo del personaggio: il risultato, in questi casi, è un personaggio *non appartenente,* fuori del contesto, e per ciò non convincente; un personaggio che non si limita a fare, come inevitabile, violenza alle cose, ma porta questa violenza a limiti cosí intollerabili per cui le cose si rinserrano e totalmente si negano; un personaggio che vede e dice delle cose un'essenza troppo diversa da quella che appartiene alla sua cultura e al suo tempo; in breve, un personaggio anacronistico e antistorico. (Questa è la difficoltà di fare un romanzo storico.) Minore è il pericolo quanto piú vicino al mondo dello scrittore è il mondo delle sue opere, e quanto piú lo scrittore denuncia l'intenzione di parlare, attraverso il personaggio, di se stesso.

Stendhal propone questo tipo di oggettività: la persegue con molta lucidità e con insolito vigore. Gli esiti sono brillanti. Ma se lo sono, non è unicamente per la forza di Stendhal; è anche perché egli si salva dal pericolo dell'anacronismo di volta in volta situando i personaggi in un contesto che non gli è troppo lontano o estraneo, oppure facendo dell'autobiografia.

La poetica stendhaliana non dà (e ciò a prescindere dalla carica e dal respiro assai minori di Lampedusa) esiti cosí brillanti nel *Gattopardo*, perché vi si esprime con molte contraddizioni. Lampedusa si identifica totalmente con uno solo dei personaggi del racconto; aggredisce, con questo personaggio, che è lui stesso, un mondo e un tempo che gli sono remoti, estranei; inserisce un discorso autobiografico (che c'è, prepotente e assillante, ancorché non dichiarato e forse non voluto) in uno schema di romanzo storico; coerentemente con la poetica stendhaliana, le cose dovrebbero essere ciò che il personaggio don Fabrizio le fa essere, ma lungo tutto il racconto l'autore ne ricerca un'essenza oggettiva, prescindente dall'occhio di chi le guarda, cioè ricerca una concretezza assoluta, e il risultato è che la narrazione procede su due piani che non si incontrano mai (personaggio autobiografico, astratto, inappartenente-ricerca di un'oggettiva realtà al di là del personaggio e indipendente da lui).

C'è una distanza enorme, uno iato fra il tempo e il mondo del *Gattopardo*, e il tempo e il mondo in cui si situano la sensibilità, l'intelligenza, la cultura di Lampedusa; per cui davvero il suo don Fabrizio Salina rischia di apparire (non diciamo appare, ma già il rischio addosso a un personaggio poetico è un'incrinatura) un illuminista che pensa, reagisce, cerca il dialogo in un contesto di sfacelata barbarie. E questo sarebbe ancor nulla se non ci fosse il giudizio. Il personaggio don Fabrizio Salina infatti, non è soltanto una figura che si muove in un tempo, in una storia che non gli appartengono, ma interpreta e giudica la storia. Siamo un bel po' lontani da Fabrizio Del Dongo con la sua peculiare personalità, ma anche storica adeguatezza. Fabrizio Del Dongo è, senza dubbio, parte bene integrata e riconoscibilissima della realtà che attraverso i suoi occhi vediamo. Si può dire la stessa cosa di Fabrizio Salina?

Un personaggio può anche violentare la realtà, ma non può esserle estraneo, cioè essere altro da quella realtà. C'è questa differenza fra Stendhal e Lampedusa, fra i loro modi di essere arbitrari. E non sarebbe niente di grave per Lampedusa se, appunto, egli non volesse troppo essere Stendhal, se egli – mettiamola in altri termini – fosse stato capace di un arbitrio piú completo. Sarebbe difficile negargli questa debolezza. La storia è forse anche in Stendhal pretesto per far vivere personaggi con le loro passioni, ma in Lampedusa è un pretesto stridente. Si dirà che non importa. Invece, purtroppo, importa. Perché Lampedusa della storia ha pur voluto servirsi. Anzi, l'ha giudicata. In effetto, don Fabrizio Salina vive, persino nella sua tensione di morte, in quanto giudica la storia. Giudica una storia che non gli appartiene, e non dal di fuori, da osservatore estraneo, ma situandovisi, vivendola, dicendola sua.

Questa dunque è rispetto a Stendhal e non solo a Stendhal la debolezza di Lampedusa. L'essersi servito per far vivere il suo personaggio (cioè per la propria autobiografia) di un contesto stridente e l'aver voluto oggettivare il contesto. La storia, nel *Gattopardo*, sembra avere nei confronti di don Fabrizio una continua crisi di rigetto, e il discorso *astratto* (perché astratto è, e proprio nella sua astrattezza risiede la poesia) di don Fabrizio, dobbiamo leggerlo nella sua dolorante, contemporanea verità sfilandolo con pazienza da un tessuto che, se a momenti è felice e poetico, lo è di un'altra felicità e di un'altra poesia.

Il lettore troverà citati in queste *Lezioni su Stendhal* molti autori: verosimilmente son quelli che piú stavano a cuore (per essergli simpatici o antipatici, congeniali o estranei) a Lampedusa. Vale la pena di riportarli, se non tutti, i principali, perché almeno di questi sappiamo con sicurezza che Lampedusa li lesse, se ne nutrí, vi reagí, li ebbe nel proprio bagaglio culturale. Hanno l'aria di essere i piú *confessabili*, cioè quelli che Lampedusa amava possedere. Non troviamo certo De Roberto che pure nel suo bagaglio c'era; non troviamo nessun decadente e crepuscolare; e chissà quanti altri ch'egli negava, trascurava eppure agivano in lui. Troviamo, e sempre citati a proposito, cioè bene utilizzati ai fini del discorso critico, Orazio, Virgilio, Goethe, Mozart, Schiller, Nietzsche, Freud, Ronsard, Corneille, Racine, Molière, Voltaire, Restif, Du Bellay, Madame de Lafayette, La Fontaine, de Latouche, Madame de Duras, Chateaubriand, Hugo, Dumas, Balzac, Flaubert, Zola, Baudelaire, Proust, Dante, Petrarca, Ariosto, Machiavelli, Cellini, Cimarosa, Rossini, Manzoni, Belli, Verga, Shakespeare, Milton, Fielding, Boswell, Thackeray, Wilde, Dickens, Richardson, Woolf, Joyce, Tolstoj, Puškin, Cervantes. Buttiam lí questi nomi in disordine, dimenticandone certo qualcuno, solo per dare un'idea delle letture, certamente vaste e serie, di Lampedusa. Il contesto e il modo in cui son citati nelle *Lezioni su Stendhal* non autorizzano nessuna conclusione sulle predilezioni e sui punti di riferimento letterari del nostro. Gli appunti piú espliciti riguardano la modulazione del tempo in autori come Ariosto, Cervantes, Tolstoj, Verga (grave difetto dell'*Orlando furioso*, secondo Lampedusa, è l'ignoranza dell'elemento temporale), e il problema del narratore (cioè del *chi narra*) nel romanzo, come è risolto da Proust e da Joyce.

Sempre a proposito delle letture di Lampedusa, merita di riferire la recente scoperta effettuata da un suo attento studioso, Andrea Vitello, che ne ha scritto in un'intervista nel « Giornale di Sicilia » del 2 aprile 1970. Incuriosito da un accenno di Gioacchino Lanza Tomasi a certi articoli giovanili che Lampedusa gli aveva detto di aver pubblicati in una rivista dell'Italia del Nord, dopo una pazientissima ricerca riuscí a trovare tre pezzi di diversa ampiezza usciti tra il maggio 1926 e l'aprile 1927 in un mensile genovese, « Le opere e i giorni », firmati col nome di « Giuseppe Tomasi di Palma ». Il primo è una nota su « Paul Morand »; il secondo un saggio su « W. B. Yeats e il risorgimento irlandese »; il terzo, « Una storia della fama di Cesare », è una lettura critica del *Caesar* di Friedrich Gundolf. A parte alcuni motivi che lasciano, secondo Vitello, presagire il Lampedusa maturo e servono a chiarire la genesi del *Gattopardo*, rivestono particolare interesse l'apprezzamento di Joyce, del quale pochissimi avevano scritto in Italia e che era ancora sconosciuto a buona parte dei letterati, e il fascino che su Lampedusa sembra esercitasse il mito di Cesare, della *personalità eroica*.

È questa la sede opportuna per affrontare un tema che puntualmente insorge ogni volta che si parla di Lampedusa: il suo debito nei confronti di Federico De Roberto, e in particolare del suo capolavoro, *I Vicerè* (uscito nel 1894). Possiamo considerarlo sotto una duplice angolatura: che cosa in effetti Lampedusa prese da De Roberto; in che cosa e quanto se ne diversificò. Scopriremo che da De Roberto egli prese molto, ma che tutt'altra era la sua poetica e altro il modo in cui atteggiò gli stessi materiali.

Negare il debito di Lampedusa nei confronti di De Roberto, come alcuni si sono sforzati di fare, non ha senso. Vuol dire semplicemente non ricordare o non aver letto *I Vicerè* (storia della decadenza della nobilissima famiglia Uzeda, da lunghissimo tempo trapiantata in Sicilia e discendente dai vicerè di Spagna, e delle sue reazioni all'avvento del regime democratico parlamentare). E intendiamoci: non è lo stesso debito che Lampedusa ha nei confronti di Verga, Capuana, Pirandello, Jovine, Brancati, della narrativa meridionale in genere; è un debito molto maggiore e piú diretto. La tematica è proprio uguale: il fallimento del Risorgimento, l'irredimibilità della Sicilia, la pessimistica negazione della storia.

Ci serviremo qui abbondantemente di un esauriente e penetrante saggio che a De Roberto ha dedicato Vittorio Spinazzola (*Federico De Roberto e il verismo*, Milano, Feltrinelli, 1961).

Scrive Spinazzola: « Filtrati attraverso una sensibilità decadente, portata ai toni lirico-idillici, ad un crepuscolarismo sorridente e rassegnato, questi temi perdono nel *Gattopardo* vigoria drammatica per acquistare, di converso, una piú vivace, elegante scioltezza: ma dietro le svelte linee del recentissimo romanzo sovente si scorge allungarsi l'ombra massiccia del gran libro ottocentesco, dal quale il Tomasi ha liberamente derivato non solo la generale tematica ideologica e l'ambientazione storico-sociale, ma piú di uno spunto narrativo concreto: si veda ad esempio il colloquio fra il principe Fabrizio e l'inviato piemontese, che riecheggia cosí dappresso il discorso rivolto da Consalvo alla zia Ferdinanda, il giorno della sua elezione a deputato; oppure si accosti la figura dello stesso Consalvo a quella di Tancredi, che come il personaggio derobertiano è il simbolo dell'infeudamento della rivoluzione unitaria, avvenuto in virtú di un astuto calcolo politico coronato dal piú pieno successo ».

Nel romanzo di De Roberto, Consalvo è il figlio del principe Giacomo, il maniaco custode delle tradizioni e dei privilegi della famiglia, un personaggio gretto, egoista, meschino, truce, che non arretra di fronte a nessuna bassezza per tener vivo il mito della casata. Consalvo, che detesta il padre e ne è detestato, sente il vento nuovo, capisce – come Tancredi – che partecipare al nuovo è il solo mezzo per condizionarlo e per renderlo inoffensivo, anzi per farlo servire a vantaggio della classe a cui si appartiene, per conservare il privilegio e continuare a sostenere il ruolo del potente. Per questo si butta nella politica.

Vale la pena di riportare i brani piú significativi del suo discorso alla zia Ferdinanda, sorella del principe Giacomo, ancora piú di costui fanatica custode della tradizione, sordida usuraia e accumulatrice di denaro, la cui sola assidua lettura è il tronfio, ridicolo *Teatro genologico* del Mugnòs. Vale la pena perché al lettore non rimangano dubbi sul fatto che De Roberto era ben presente a Lampedusa.

Dice dunque Consalvo alla zia, che molto di mal'occhio lo vede bazzicare gente non del suo rango e fare il progressista in politica: « Vostra Eccellenza non può dolersi che uno del suo nome sia di nuovo tra i primi del paese... Forse le duole il mezzo col quale questo risultato s'è raggiunto... Creda che duole a me prima che a lei... Ma noi non scégliamo il tempo nel quale veniamo al mondo; lo troviamo com'è, e com'è dobbiamo accettarlo. Del resto, se è vero che oggi non si sta molto bene, forse che prima si stava d'incanto?

« Vostra Eccellenza giudica obbrobriosa l'età nostra, né io le dirò che tutto vada per il meglio; ma è certo che il passato par molte volte bello solo perché è passato... L'importante è non lasciarsi sopraffare... Io mi rammento che nel Sessantuno, quando lo zio duca fu eletto la prima volta deputato, mio padre mi disse: Vedi? Quando c'erano i Vicerè, gli Uzeda erano Vicerè; ora che abbiamo i deputati, lo zio siede in Parlamento. Vostra Eccellenza sa che io non andai molto d'accordo con la felice memoria; ma egli disse allora una cosa che m'è parsa e mi pare molto giusta... Un tempo la potenza della nostra famiglia veniva dai Re; ora viene dal popolo... La differenza è piú di nome che di fatto... Certo, dipendere dalla canaglia non è piacevole; ma neppure molti di quei sovrani erano stinchi di santo. E un uomo solo che tiene nelle proprie mani le redini del popolo e si considera investito d'un potere divino e d'ogni suo capriccio fa legge è piú difficile da guadagnare e da serbar propizio che non il gregge umano, numeroso ma per natura servile... E poi, e poi il mutamento è piú apparente che reale. Anche i Vicerè d'un tempo dovevano propiziarsi la folla; se no, erano ambasciatori che andavano a reclamare a Madrid, che ne ottenevano dalla Corte il richiamo... o anche la testa!... Le avranno forse detto che un'elezione adesso costa quattrini; ma si rammenti quel che dice il Mugnòs del Vicerè Lopez Ximenes, che dovette offrire trentamila scudi al Re Ferdinando per restare al proprio posto... e ci rimise i quattrini! In verità, aveva ragione Salomone quando diceva che non c'è niente di nuovo sotto il sole! Tutti si lagnano della corruzione presente e negano fiducia al sistema elettorale, perché i voti si comprano. Ma sa Vostra Eccellenza che cosa narra Svetonio, celebre scrittore dell'antichità? Narra che Augusto, nel giorno dei comizi, distribuiva mille sesterzi a testa alle tribú di cui faceva parte, perché non prendessero nulla dai candidati!...

« La storia è una monotona ripetizione; gli uomini sono stati, sono e saranno sempre gli stessi. Le condizioni esteriori mutano; certo, tra la Sicilia di prima del Sessanta, ancora quasi feudale, e questa d'oggi pare che ci sia un abisso; ma la differenza è tutta esteriore. Il primo eletto col suffragio quasi universale non è né un popolano, né un borghese, né un democratico: sono io, perché mi chiamo principe di Francalanza. Il prestigio della nobiltà non è e non può essere spento. Ora che tutti parlano di democrazia, sa qual è il libro piú cercato alla biblioteca dell'Università, dove io mi reco qualche volta per i miei studi? L'*Araldo sicolo* dello zio don Eugenio, felice memoria. Dal tanto maneggiarlo, ne hanno sciupato tre volte la legatura! E consideri un poco: prima, ad esser nobile, uno godeva grandi prerogative, privilegi, immunità, esenzioni di molta importanza. Adesso, se tutto ciò è finito, se la nobiltà è una cosa puramente ideale e nondimeno tutti la cercano, non vuol forse dire che il suo valore e il suo prestigio sono cresciuti?... In politica, Vostra Eccellenza ha serbato fede ai Borboni, e questo suo sentimento è certo rispettabilissimo, considerandoli come i sovrani legittimi... Ma la legittimità loro da che dipende? Dal fatto che sono stati sul trono per piú di cento anni... Di qui a ottant'anni Vostra Eccellenza riconoscerebbe dunque come legittimi anche i Savoia... Certo, la monarchia assoluta tutelava meglio gl'interessi della nostra casta; ma una forza superiore, una corrente irresistibile l'ha travolta... Dobbiamo farci mettere il piede sul collo anche noi? Il nostro dovere, invece di sprezzare le nuove leggi, mi pare quello di servircene!».

Lo stesso pessimismo radicale, la stessa considerazione che nulla cambierà mai, che muteranno gli attori ma la commedia sarà sempre quella.

Tuttavia, una differenza radicale fra *I Vicerè* e *Il Gattopardo* c'è. Essa è innanzitutto nella diversa cultura e poetica dei due autori, nel loro diverso modo di porsi – da artisti – di fronte alla realtà.

Per De Roberto (siamo molto debitori per questa analisi allo Spinazzola), lo scrittore deve proporsi in primo luogo di scrutare nella realtà del proprio tempo non per fotografarla, ma per ricomporla in vista del risultato che intende conseguire, che è quello di farla vivere poeticamente. Impersonalità, rifiuto di ogni condizionamento moralistico o pratico, rispetto per la materia trattata, per il documento sono i canoni dello scrittore. Costui dev'essere fedele alla vita e riprodurla obiettivamente.

Questo vuol essere il «verismo» di De Roberto, altra cosa dal «naturalismo» di Zola che è sforzo di riuscir naturale, di dare alla finzione artistica i caratteri del vero. Scrupolosità nell'osservazione, sincerità nell'espressione, impersonalità nell'esecuzione: in questi dettami si compendia per De Roberto il metodo d'arte realista. Niente quindi sperimentalismi, niente falsa sentimentalità, niente convenzionalismi, niente condizionamenti dalla scienza o dalla morale.

Tuttavia, i propri soggetti il narratore realista li dovrà cercare dove il vero presenta caratteristiche piú spiccate, individualizzabili, significative; non dunque là dove c'è salute e virtú, ma dove c'è corruzione, degenerazione, stato patologico; non fra i ricchi, ma fra la povera gente. E poiché deve avere ben presenti, vicini i propri modelli, il narratore realista starà nella dimensione regionale, perseguirà nello stile il colore locale (modi di dire, proverbi, solecismi, espressioni dialettali inseriti nel canovaccio della lingua).

L'ardore degli ideali positivisti, l'esperienza naturalistica di tipo zoliano, con il suo amore per il concreto e il suo odio per le menzogne dell'idealismo, non poteva innestarsi in Italia, per la mancanza di una diffusa coscienza scientifica e per la malcerta coscienza civica di vasti strati della popolazione. Citiamo ancora Spinazzola: « In confronto a quella zoliana, la narrativa verista appare mossa da uno scetticismo ben piú assoluto e desolato; ciò che soprattutto colpiva questo gruppo di scrittori siciliani, e l'autore de *I Viceré* in particolare, era il dominio conservato dalle vecchie classi aristocratiche con il passaggio dell'isola dai Borboni ai Savoia, era lo scarso contenuto sociale che il Risorgimento presentò soprattutto nelle regioni meridionali, ove sembrò risolversi in una sostanziale conferma dei privilegi dei feudatari e baroni: da ciò De Roberto era indotto a considerare il Risorgimento come una rivoluzione fallita e a non nutrire alcuna fiducia nelle nuove classi dirigenti che l'unità aveva condotto al governo, ritenendole incapaci di reggere le fila dei nuovi, complessi problemi cui l'unificazione stessa aveva dato l'avvio, animate come esse erano da un'egoistica brama di comando e di ricchezza, in tutto simili ai vecchi ceti dominanti, combattuti e vinti solo per esercitare in proprio – sia pur con altri metodi – lo stesso dispotico potere.

Queste posizioni si generalizzavano poi in una pregiudiziale sfiducia verso ogni possibilità di modificazione dell'eterno assetto delle cose umane, ispirata ad un rigido determinismo il quale rappresenta il piú evidente apporto della contemporanea cultura francese alla formazione spirituale del nostro narratore; un apporto non completamente negativo, poiché corroborava la fede nell'artistica rappresentazione del vero, unico valore ancora riconoscibile in questo crollo di tutti gli ideali: allo scrittore moderno non resta se non fissare con stoica fermezza lo sguardo nell'arido vero, traendo appunto dalla coscienza della sua immutabilità la forza di ritrarlo con obbiettiva esattezza. La religione del vero è tutt'uno con la religione dell'arte, ed il canone dell'impersonalità definisce l'impegno piú alto verso un rigore espressivo che fu costante preoccupazione di De Roberto come di tutti i veristi, tanto spesso accusati di "scriver male" ».

La realtà si presenta a De Roberto sotto tinte fosche: gli uomini si distinguono unicamente in padroni e servi, in ricchi e poveri, governati però dalla stessa legge che è l'interesse personale, l'egoismo; fra essi non vi sono che rapporti ferini; le creature umane non si capiscono a vicenda, brancolano nel buio. Questo stato di cose non muterà mai, il futuro non sarà mai migliore.

Dietro questo nerissimo pessimismo derobertiano sta evidentemente una dolorosa ansia di riscatto, il desiderio pungente e deluso – tanto piú pungente quanto piú deluso – di un mondo migliore. Ma la fervida moralità derobertiana non riesce a manifestarsi nella narrazione, i cui limiti, secondo Spinazzola, sono dati dal fatto che « i personaggi sono tutti univoci, non conoscono incertezze né scrupoli, né rimorsi », sono tutti ferreamente governati da un durissimo destino. Fanno capolino quindi le teorie sull'ereditarietà, i motivi razzistici derivati dal determinismo positivista, e corrodono l'orditura dei *Viceré*, costringendo il narratore entro i limiti di una tesi prefissata: le passioni diventano fissazioni o tare mentali, gli istinti manie, e su tutti i personaggi aleggia come fatto meccanicamente predeterminato, come una irrecusabile ereditarietà fisiologica, la pazzia.

Quanto abbiamo detto prima della poetica di Lampedusa è piú che sufficiente a far capire il diverso approccio dei due autori, il loro diverso « realismo ». Lampedusa è uno « stendhaliano »: imperfettamente riuscito, ma stendhaliano. La sua oggettività, quella ch'egli persegue con la parte di sé piú autentica, non è quella in cui crede De Roberto. Costui vuole dare la cosa priva d'ogni schermo e velo, com'è in una sua verace e brutale essenza, e pensa che l'arbitrio dello scrittore non possa andar oltre la combinazione degli elementi della realtà e la scelta dei medesimi: combinando questi elementi e scegliendone alcuni a preferenza di altri, lo scrittore si distingue dal chimico e dal biologo, fa arte, conferisce alla realtà forza poetica, evidenzia o dimostra qualcosa. Egli dà un ordine e un significato alla materia prima, della quale, tuttavia, è suo dovere non alterare la natura. Abbiamo visto invece come l'oggettività di Stendhal e Lampedusa sia l'essere della cosa nell'occhio del personaggio. Qualcosa di radicalmente diverso dunque e, alla fine, diciamolo pure, di meno arbitrario, prevaricatorio, inattingibile.

Comunque, se si vuol intendere *Il Gattopardo*, se si vuol capirne la poesia e collocarlo al giusto posto nella storia della letteratura italiana, senza eccedere in entusiasmo o in negazione, come non si possono non leggere Verga, Pirandello, Brancati, non si può non leggere anche il massiccio, imponente, a tratti fortemente poetico libro di De Roberto.

I «Racconti»

Il primo di questi racconti, *Il mattino di un mezzadro*, è in realtà il capitolo iniziale di un nuovo romanzo, séguito e conclusione del *Gattopardo*, che Lampedusa si proponeva di scrivere e per il quale aveva già trovato il titolo, *I gattini ciechi*. Ritroviamo infatti gli stessi elementi esteriori del *Gattopardo*. La società feudale non è morta, ma agli aristocratici di un tempo si sono in parte sostituiti i nuovi padroni, della stoffa di Calogero Sedàra. Sono gli arricchiti, i campieri e gli amministratori che hanno profittato, rubacchiato, portato via ai signori di un tempo le loro terre a forza di perseveranti astuzie, di prestiti, di usure.

Il protagonista di questo frammento narrativo è don Batassano Ibba. Suo padre, Gaspare, partendo da una piccola proprietà, sei tumuli di terra, mezzo ettaro di vigneto, una casetta di tre stanze, ha accumulato una ingente fortuna che al figlio resta da rendere piú solida e compatta. Gaspare, giovanissimo ancora, seduce la figlia sordomuta di un altro piccolo proprietario e con la dote ottenuta grazie alle nozze estorte raddoppia di colpo il proprio avere. Secondato dalla sordida avarizia della moglie, si dà instancabilmente da fare. Furterelli di frumento ai marchesi Santapau, di cui è mezzadro; cauti spostamenti di confine alle proprietà; infine, il colpo maestro, una ipoteca sui propri beni e, con il denaro ricavato, un prestito senza interesse al marchese, che le elargizioni di denaro alla causa borbonica hanno messo nei guai. Come risultato, dopo due anni passa a Gaspare (don Gaspare ormai) un feudo del marchese. Successivamente, acquistò dei beni ecclesiastici, per un decimo del loro valore, e dei beni laici circostanti che hanno subito di conseguenza una pesante svalutazione. Don Gaspare muore ancor giovane, lasciando una proprietà ragguardevole, che però « come i territori prussiani della metà del settecento, consisteva in grossi isolotti separati da proprietà altrui. Al figlio Baldassarre toccò, come a Federico Secondo, il compito e la gloria di unificare tutto in un solo blocco, prima, e di spostare i limiti del blocco stesso verso piú lontane contrade ».

Don Batassano sposa, a trent'anni, la figlia diciottenne di un ricco notaio, una bella, sensuale e sottomessa ragazza. Gli affari degli Ibba prosperano, nella loro casa regna « una felicità aspra e priva di luce », tutto vi è « scabro, positivo, puritanescamente cattivo ». Naturalmente don Batassano nutre solo disprezzo nei confronti dei nobili dei quali si è creata un'immagine astratta e monocorde: ciascuno è per lui « una figurina spregevole ritagliata in cartone ». Dal canto loro i nobili lo sdegnano, detestano, temono, invidiano; su di lui, sulla sua famiglia, sull'entità dei suoi beni favoleggiano.

« Questi stessi proprietari sentivano che questa moderna reincarnazione Ibba degli sterminati possessi granari dei Chiaramonte e dei Ventimiglia dei secoli scorsi era irrazionale e, per loro stessi, pericolosa; quindi le erano sordamente avversi; ciò non soltanto perché quest'edificio imponente era in gran parte eretto con materiale che era già appartenuto ad essi stessi, ma perché lo avvertivano come manifestazione dell'anacronismo permanente che è il freno sulle ruote del carro siciliano, anacronismo che moltissimi avvertono ma al quale nessuno, poi, si sottrae e fa a meno di collaborare. Occorre ripetere che questo disagio rimaneva latente nell'inconscio collettivo: affiorava solo sotto il travestimento di frottole e barzellette, come si conviene a una classe che fa scarso consumo di idee generali ».

Le loro chiacchiere, le loro maldicenze, il loro stesso atteggiamento di scherno nei confronti di don Batassano non sono unicamente una esibizione di umorismo provinciale, bensí

> « i tragici soprassalti di una classe che si vedeva sfuggire il proprio primato latifondistico, cioè la propria ragion d'essere e la propria continuità sociale, e che cercava nelle artate esagerazioni, e nelle artificiali diminuzioni, sfoghi alla sua ira, sollievo alla sua paura ».

Con tutta la buona volontà non si può trovar nulla di interessante e di confortante in queste pagine. Appare chiarissimo un limite di Lampedusa: quando esce dall'autobiografia, quando non scrive sul filo della memoria, quando non parla (dietro lo schermo del personaggio) della propria anima e della propria esperienza, incespica, dà nel banale. Quel che di fascinoso c'è nella sua pessimistica visione del mondo e della storia, diventa una specie di fissazione, uno schema semplificatore, un dispetto o rimpianto che riesce a essere acido ma non corrosivo e soprattutto non persuasivo. Anche il linguaggio scade, si fa sordo, grigio. Disancorata dalla memoria, la pagina di Lampedusa conserva fluidità, ma intristisce: un insieme di luoghi comuni, di cose già dette da altri in ben diversa prospettiva e con ben diverso vigore. Lampedusa persegue qui un'oggettività, una verità storica con mezzi che non gli appartengono. Cerca di far parlare le cose senza sovrapporre alla loro la sua voce, limitandosi a registrare. Fa il naturalista, il verista, il positivista, e ovviamente gli riesce male. La storia non è affar suo, quando non sia storia di un'anima che atteggia la realtà secondo i propri amori e odi. Lampedusa deve parlar lui, non deve pretendere di far parlare i fatti, le cose. In ciò, niente di male. Ma quand'egli muta registro, le calate di tono e le stecche sono immediate, i personaggi diventano caricature, il linguaggio si fa calcinoso, e i brani che abbiamo citati bastano per darne un'idea. Son capitomboli proprio da principiante o da scrittore di terz'ordine: in otto righe troviamo « questi stessi », « per loro stessi », « ad essi stessi ». Troviamo la sentenza sull'anacronismo siciliano, espressa in periodi tortuosi e ansimanti, con quella goffa immagine del carro, con quell'infelice frase sulla collaborazione all'anacronismo e quell'altra, infelicissima, sullo scarso consumo di idee generali da parte della aristocrazia isolana.

Persino la crudeltà del protagonista, don Batassano, è di maniera. Il cavallo, adombratosi per un coniglio che gli ha attraversato la strada davanti, lo butta a terra. Il servo tiene fermo l'animale mentre don Batassano lo picchia:

« ... da terra frustava acerbamente il muso, le orecchie, i fianchi dell'animale che era percorso da un tremito continuo e si copriva di spuma. Un calcio nella pancia concluse l'operazione pedagogica, don Batassano risalí e i due tornarono a casa che cominciava appena ad annottare ».

Vogliamo di piú? Ecco la sordomuta moglie di don Gaspare che gira per il paese a esigere i crediti del marito:

« I mugolii di Marta, la moglie di Gaspare, quando si aggirava al tramonto in paese per esigere i propri crediti settimanali, erano diventati proverbiali. "Quando Marta va grugnendo, le casuzze van cadendo" ».

Questi son cascami del romanzo ottocentesco, son cascami di Verga, di De Roberto. In questa maniera, si potrebbe dire con un po' di cattiveria, non è piú lecito scrivere nel 1956. Qui la cultura di Lampedusa non lo soccorre piú.

Può darsi che Lampedusa, se fosse vissuto, avrebbe effettivamente scritto il nuovo romanzo che vagheggiava. A noi piace pensare che si sarebbe accorto da sé di non riuscire a far lievitare la materia. È fuori di dubbio, comunque, che un libro che avesse tenuto fede a queste prime pagine sarebbe stato povera e disturbante cosa. Lampedusa fa nascere in questo esordio il sospetto di essersi accinto a giustificare la famosa sentenza del *Gattopardo* « perché tutto resti com'è bisogna che tutto cambi ». Ora, quella sentenza, che nel *Gattopardo* è il personaggio stesso (e dietro lo schermo del personaggio l'autore stesso), con la sua sensibilità, la sua visione del mondo, i suoi desideri e insieme la dichiarazione della propria sconfitta, e che per ciò è pienamente legittima, non bisognosa di giustificazione, si dimostra, quando si tenti di giustificarla razionalmente, quando si pretenda di farne uno schema interpretativo di universale validità, inagibile e assurda. La felicità di quella sentenza è nella sua stessa faziosità; la sua validità è poetica, non è razionale, oggettiva, storica.

Il secondo racconto, *La gioia e la legge*, è molto peggiore. Forse sarebbe stato meglio non pubblicarlo affatto. È una storiellina inconsistente e fragile come un elzeviro, di tono nettamente crepuscolare.

Un povero impiegato, Girolamo, riceve in dono a Natale un grosso panettone. Il dolce è un omaggio fatto da una Ditta all'ufficio dov'egli lavora. Il direttore ha la bella idea di farlo assegnare dagli impiegati stessi al collega piú meritevole. Per Girolamo il panettone è dunque piú di un dolce: è un simbolo della simpatia che i compagni di lavoro nutrono per lui, della sicurezza dell'impiego, della benevolenza del capo. Ma la moglie non gli permette di fare la grande festa a casa: lo costringe a regalare il dolce a un avvocato con il quale Girolamo ha un debito d'onore.

Il linguaggio è addirittura irritante, tanto è pieno di echi, tanto zoppica e ansima fra esclamazioni, forzature, immagini trite. Il pezzo che segue può darne la misura:

> « Ma di "tredicesime" ne aveva avute troppe perché potesse attribuire all'esilarazione fugace che esse producevano l'euforia che adesso lo lievitava, rosea. Rosea, sí, rosea come l'involucro del peso soave che gl'indolenziva il braccio sinistro. Essa germogliava proprio fuori del panettone di sette chili che aveva riportato dall'ufficio. Non che egli andasse pazzo per quel miscuglio quanto mai garentito e quanto mai dubbio di farina, zucchero, uova in polvere e uva passa. Anzi, in fondo in fondo, non gli piaceva. Ma sette chili di roba di lusso in una volta sola! una circoscritta ma vasta abbondanza in una casa nella quale i cibi entravano a etti e mezzi litri! un prodotto illustre in una dispensa votata alle etichette di terz'ordine! Che gioia per Maria! che schiamazzi per i bambini che durante due settimane avrebbero percorso quel Far-West inesplorato, una merenda! ».

Il Far-West inesplorato è quasi un colpo mortale per il lettore. Il quale, un paio di pagine dopo, si trova di fronte a quest'altro exploit descrittivo:

> « Aprí la porta, penetrò nell'ingresso esiguo già ingombro dell'odore di cipolla soffritta; su di una cassapanchina grande come un cesto depose il pesantissimo pacco, la cartella gravida d'interessi altrui, il fasciacollo ingombrante. La sua voce squillò: "Maria! vieni presto! Vieni a vedere che bellezza!" ».

Che dire di quella cartella gravida d'interessi altrui? E che dire di Maria, che era stata carina fino a qualche anno fa,

> « aveva avuto un musetto arguto, illuminato dagli occhi capricciosi. Adesso le beghe con i bottegai avevano arrochito la sua voce, i cattivi cibi guastato la sua carnagione, lo scrutare incessante di un avvenire carico di nebbie e di scogli spento il lustro degli occhi. In lei sopravviveva soltanto un'anima santa, quindi inflessibile e priva di tenerezza, una bontà profonda costretta ad esprimersi con rimbrotti e divieti... ».

E via di questo passo.
Non per infierire abbiamo riportato questi brani, ma per buttare un po' d'acqua sugli spropositati entusiasmi che una parte della critica ha mostrato per Lampedusa, e soprattutto per insinuare qualche dubbio piú che sulla vastità e raffinatezza della sua cultura, sulla capacità di Lampedusa di farne uso, di farne cioè, per un verso, ciò che nutre l'opera, per un altro verso, ciò che trattiene dall'imboccare certe strade. Luce, insomma, e guida; materia e filtro. Si stenta a ritrovare in queste pagine il lettore di Shakespeare, di Stendhal, di Proust, il severissimo giudice (anzi spietato giustiziere) di quasi tutta la letteratura italiana tranne Dante. Non si può negarlo, di fronte a queste testimonianze: quando Lampedusa scrive e la grazia della memoria non lo soccorre, ispirandogli le note giuste, l'atmosfera che affiora è quella di un certo bozzettismo naturalistico mescolato agli elementi piú sciropposi e squallidi del crepuscolarismo. Evidentemente le letture fatte in quest'ambito lo avevano colpito, gli erano rimaste appiccicate; la lezione di Stendhal e quella di Proust non avevano fatto piazza pulita di quest'altra scadente materia, alla quale bisogna pensare che Lampedusa visceralmente aderisse.

Non varrebbe la pena di far questi discorsi, che hanno appunto sapore di cattiveria, se non ci avessero in tutti questi anni oberati e catechizzati con l'immagine di un Lampedusa cervello ironico e scarnificatore, coltivatore di « magrezza » stilistica, severissimo discriminatore, intellettuale schizzinoso, avvedutissimo critico d'altri e soprattutto di se stesso, fungo estraneo sul terreno della intelligenza e della cultura italiche. E invece eccolo qui, che riesce a vergare paginette bolse e decadenti, tutte costellate di frasi fatte e di immagini opprimenti per banalità, totalmente dimentico — si direbbe — della grande lezione dei suoi maestri. Queste pagine esistono, hanno la stessa verità (non poetica, beninteso) e lo stesso valore di testimonianza del *Gattopardo*. Servono anzi a capire meglio *Il Gattopardo* e a ridimensionarlo; ci dicono che le debolezze e i cedimenti riscontrabili nel *Gattopardo* non sono casuali e superficiali, ma corrispondono a limiti del gusto e dell'intelligenza dell'autore.

Più sostenuto, letterariamente non spregevole, con qualche pagina in cui la piacevolezza riesce a farsi lievità (mai però grazia di poesia), è il terzo racconto, *Lighea*.

Siamo a Torino, in periodo fascista. Un giovane giornalista siciliano, discendente dai Corbera di Salina, fa conoscenza, in un caffè di via Po - un ambiente vecchiotto frequentato quasi esclusivamente da magistrati, professori, ufficiali di carriera in pensione - con un personaggio importante, il senatore Rosario La Ciura, grecista di vaglia e famoso in tutto il mondo. Superato un periodo di brusca scontrosità, il professore gratifica il giovane della sua amicizia e confidenza, e gli racconta ciò che molto tempo addietro, nella sua giovinezza, gli accadde con una sirena, Lighea appunto. Ritiratosi ad Augusta nella casetta di un amico, vicina al mare, per più tranquillamente prepararsi a un concorso universitario, il professore, che non ha mai avuto avventure con donne ed è vissuto in castità assoluta, mentre alle sei del mattino sulla barca sta declamando versi greci all'ombra di un roccione, riceve la visita della sirena. Ne nasce un amore che dura una ventina di giorni. Poi Lighea scompare, ma prima di andarsene dice al professore: « Non dimenticherai ». Per tutta la vita questa promessa e il ricordo della sirena occupano il La Ciura. Ed ecco che, durante un viaggio in mare per raggiungere Lisbona, fra Genova a Napoli, il richiamo si fa sentire. La Ciura si butta in mare per raggiungere la sua amante. È chiaro ciò che la storia mitologica simboleggia: l'amore unico, l'amore sovrumano, l'amore arduo, a fronte della rifuggita banalità e sciattezza dell'esistenza.

Il racconto è come diviso in due parti. La prima è in un certo senso il prologo; è l'ambientazione dei personaggi, con il vecchio caffè, la casa del professore, la governante, l'atmosfera di Torino, le due ragazze che piantano il giornalista dopo avere appreso ch'egli se la fa con entrambe; è il recupero della Sicilia, attraverso l'immagine che ne serba il professore, una Sicilia verace e divina dietro quella fastidiosa e volgare della vita quotidiana. La seconda è la favola. Da un tono naturalistico, con accenni di ironia e con le solite poco benevole allusioni ai difetti dell'isola, si passa a un tono allusivo, di evidente derivazione simbolista. Il racconto, condotto su questi due registri, non riesce a trovare unità. Le « cattiverie » nei confronti dell'isola male convivono con la favola e con certi slanci lirici, con descrizioni esaltate, tenute su una nota troppo alta. Una bella terra, dice il professore della Sicilia, « benché popolata da somari »: nei salotti siciliani « non si sputa perché non ci si vuol nauseare mai di niente ». Secondo il professore, il giovane giornalista è riuscito, come capita ad alcuni siciliani della specie migliore, « a compiere la sintesi di sensi e ragione ». E, a proposito delle grandi famiglie isolane:

« Io ho molta considerazione per le vecchie famiglie. Esse posseggono una memoria, minuscola è vero, ma ad ogni modo maggiore delle altre. Sono quanto di meglio, voialtri, possiate raggiungere in fatto d'immortalità fisica ».

Insomma, la solita polemica antisiciliana, che qui si fa però acre e ottusa. Per contro, ecco la Sicilia eterna,

« quella delle cose di natura, del profumo di rosmarino sui Nébrodi, del gusto del miele di Melilli, dell'ondeggiare delle messi in una giornata ventosa di maggio come si vede da Enna, delle solitudini intorno a Siracusa, delle raffiche di profumo riversate, si dice, su Palermo dagli agrumeti durante certi tramonti di giugno ».

E il mare siciliano:

« Il mare: il mare di Sicilia è il piú colorito, il piú romantico di quanti ne abbia visti; sarà la sola cosa che non riuscirete a guastare, fuori delle città, s'intende ».

E di un golfetto interno piú su di punta Izzo:

« La costa è selvaggia... completamente deserta, non si vede neppure una casa; il mare è del colore dei pavoni; e proprio di fronte, al di là di queste onde cangianti, sale l'Etna; da nessun altro posto è bello come da lí, calmo, possente, davvero divino. È uno di quei luoghi nei quali si vede un aspetto eterno di quell'isola che tanto sciccamente ha volto le spalle alla sua vocazione che era quella di servir da pascolo per gli armenti del sole ».

Qui, come si vede, si va nel ridicolo o perlomeno oltre il segno: la Sicilia perde ogni connotato reale e diventa la materializzazione di un sogno protestatario, di un sentimentalismo manierato. Siamo tra pavoni, divinità vulcaniche, armenti solari, vocazioni strampalate e una scricchiolante nozione dell'eternità isolana. Questa non è la Sicilia del migliore *Gattopardo*, ma quella delle pagine in cui *Il Gattopardo* zoppica, È la Sicilia del côté astioso e sentimentale di Lampedusa. Quanto alla sirena, si potrebbe dire che la sua descrizione è scontata:

> « ... il volto liscio di una sedicenne emergeva dal mare, due piccole mani stringevano il fasciame. Quell'adolescente sorrideva, una leggera piega scostava le labbra pallide e lasciava intravedere dentini aguzzi e bianchi, come quelli dei cani. Non era però un sorriso come se ne vedono da voialtri, sempre imbastarditi da un'espressione accessoria, di benevolenza o d'ironia, di pietà, crudeltà o quel che sia; esso esprimeva soltanto se stesso, cioè una quasi bestiale gioia di esistere, una quasi divina letizia ».

La sirena insomma è « corrente di vita senza accidenti », è divinità nella bestialità, ignara di ogni saggezza, sdegnosa di ogni costrizione morale, all'oscuro di tutte le culture eppure facente parte della sorgiva di ogni cultura, di ogni sapienza, di ogni etica, e capace di esprimere questa sua primigenia superiorità in termini di scabra bellezza. È la grazia pagana, è sradicatrice di fedi e dissipatrice di metafisiche, colei che addita la via verso i veri eterni riposi e verso un ascetismo di vita derivato non dalla rinunzia ma dalla possibilità di accettare altri piaceri inferiori.

Nella favola metafisica, Lampedusa riesprime il suo giudizio sulla sua terra, sugli uomini, sulla vita.

Con il quarto e ultimo racconto, *I luoghi della mia prima infanzia*, siamo in tutt'altra aria. Veramente, è quasi impossibile considerare queste pagine come facenti parte del gruppo che abbiamo esaminato. Come giustamente è stato osservato, c'è qui un cartone del *Gattopardo*, c'è la descrizione minuta, veramente stendhaliana degli ambienti del romanzo. Lampedusa è a suo agio, la sua penna corre sul filo della memoria: egli non pretende a quell'oggettività che l'occhio deve registrare, ma a quell'altra non meno vera e valida, anzi forse piú vera e valida, che l'occhio fa. Paesaggio, terra, case, uomini, gesti, son ciò che l'occhio e la memoria fanno, inverano. La loro faccia e la loro essenza nascono dalla virtú, e diciamo pure dall'arbitrio, dell'occhio e della memoria. In altre parole, siamo qui nella condizione di godere non di ciò che effettivamente quelle cose e quei gesti erano, ma di ciò che l'occhio e la memoria li hanno fatti, di una loro vita quale Lampedusa vuole che sia.

Quel che diciamo non coincide con ciò che qui Lampedusa mostra di pensare della memoria. Il suo riferimento è sempre a Stendhal, in particolare a *Henri Brulard*, ma l'interpretazione della stendhaliana ricerca di oggettività sembra semplificata rispetto alle *Lezioni su Stendhal*. Il ricordare di Lampedusa vuol essere sforzo « per spazzar via gli strati successivi dei ricordi e giungere al fondo ». È tensione a un impossibile registrare, a un ritrovare le cose e i gesti in una loro nuda, purissima essenza, disincrostati da qualsiasi sentimento, al di là d'ogni possibile arbitrio dell'occhio, della sensibilità, dell'intelligenza, dei sensi tutti. Allo Stendhal di *Henri Brulard* egli riconosce appunto la virtú di spogliare, di denudare oggetti e avvenimenti. Una spersonalizzazione totale, insomma. Lampedusa scioglie addirittura un inno alla memoria (a questa ch'egli crede sia la memoria). Ricordare è importante, è addirittura un obbligo:

« Quando ci si trova nel declino della vita è imperativo cercar di raccogliere il piú possibile delle sensazioni che hanno attraversato questo nostro organismo. A pochi riuscirà di fare cosí un capolavoro (Rousseau, Stendhal, Proust), ma a tutti dovrebbe essere possibile preservare in tal modo qualcosa che senza questo lieve sforzo andrebbe perduto per sempre. Quello di tenere un diario o di scrivere ad una certa età le proprie memorie dovrebbe essere un dovere "imposto dallo Stato": il materiale che si sarebbe accumulato dopo tre o quattro generazioni avrebbe un valore inestimabile: molti problemi psicologici e storici che assillano l'umanità sarebbero risolti. Non esistono memorie, per quanto scritte da personaggi insignificanti, che non racchiudano valori sociali e pittoreschi di prim'ordine. Lo straordinario interesse che destano i romanzi di De Foe consiste nel fatto che sono quasi dei diari, geniali benché apocrifi. Pensate un po' che cosa sarebbero quelli genuini? Immaginate che cosa sarebbe il diario di una ruffiana parigina della Régence o i ricordi del cameriere di Byron durante l'epoca veneziana? ».

Un po' ingenuo e ottimistico, il tutto. Né si vede che cosa ci sia di comune fra i modi di De Foe e di Stendhal, per non parlare di Proust. In De Foe la memoria è apparentemente del personaggio che racconta: l'autore incombe, e la memoria del personaggio serve per piú corposamente ed efficacemente costruire una parabola, una *moralità* che ci appare piú curante dei significati dell'incontro delle anime con la realtà che della realtà stessa. In Stendhal c'è una ben diversa ambizione di discrezione; c'è la tensione a ricercare le cose in tutta la loro possibile oggettività, per come vivono nella sensibilità del personaggio, eliminando fra esse e il personaggio ogni schermo (autore compreso), sovrapponendo il meno possibile, evitando il piú possibile di giudicare e dimostrare.

Noi sappiamo che la memoria che fa Lampedusa scrittore, senza la cui provocazione e il cui aiuto egli come scrittore non sarebbe forse mai nato, è deformante, arbitraria, appassionatissima. Ed è tutto questo anche perché limitata, monocorde, cocciuta. Non è ricca, variegata, aperta su tutto il mondo, disponibilissima, infinitamente avida. È tutta appuntata sull'infanzia e su un brandello di terra; è, e vuol essere, limitata a una gamma di oggetti e gesti, e scade, infiacchisce, diventa uno strumento rozzo, impacciato quando esce dalla cerchia che le è congeniale.

È questo che ci preme notare, piú che le fragili teorizzazioni della memoria che ci dà Lampedusa: la qualità e il limite della sua memoria, tanto piú ristretta della memoria stendhaliana e proustiana, capace di suonare su un solo registro.

Comunque, il lettore attento e appassionato del *Gattopardo* non potrà trascurare queste pagine: troverà qui i luoghi del romanzo, la città e la campagna, i palazzi e i giardini, i padroni e i servi, le usanze e le cerimonie, i personaggi grandi e piccoli, quel modo amoroso, trepido, indifeso, polemico che Lampedusa aveva di guardare la sua terra e la vita nella sua terra, la radice dei suoi amori e dei suoi rancori.

Cosa dobbiamo pensare, in conclusione, di questi racconti? Non ce la sentiamo davvero di condividere l'entusiasmo di Giorgio Bassani (*Prefazione* ai *Racconti*, Milano, Feltrinelli, 1961), che considera la raccolta particolarmente preziosa innanzitutto « per la sua fondamentale unità di ispirazione » e in secondo luogo « per il vivo rapporto di ogni sua pagina col *Gattopardo* »; che parla di « cose di prim'ordine... degnissime di figurare vicine al capolavoro... minori soltanto per mole, non già per intrinseco pregio ». Per Bassani *Il mattino di un mezzadro*, primo capitolo d'un romanzo rimasto in grandissima parte da compiere, regge benissimo anche cosí, da solo, e gli ricorda maestri del calibro di Gogol, Balzac, Flaubert, Maupassant; *La gioia e la legge* gli appare perfetto nel suo breve giro di pagine; *Lighea* è per lui il pezzo forte della raccolta, una parabola morale, un disperato vagheggiamento della morte e del nulla, e la prosa di Lampedusa « tra ironia amarissima e canto spiegato, non è forse mai stata cosí bella, ricca, cattivante ».

A nostro avviso siamo invece di fronte a pezzi debolissimi, tranne l'ultimo che, tuttavia, racconto vero e proprio, autonomo, non può considerarsi e sembra piuttosto amoroso condensato di quegli elementi ambientali che sostengono la trama e la poesia del *Gattopardo*. Scritti anch'essi negli ultimi due anni di vita di Lampedusa, contemporanei dunque del *Gattopardo*, i racconti ci sorprendono per il grande salto qualitativo rispetto al romanzo. Abbastanza disinvolti e fluidi, di piacevole lettura, sono tuttavia opachi, non lievitati, pieni di banalità, di motivi letterari mal digeriti. Se immaginassimo di non conoscere il *Gattopardo* e di dover giudicare Lampedusa soltanto da questi prodotti, lo diremmo un poverissimo scrittore, un anacronistico epigono del decadentismo e del crepuscolarismo, in possesso di una cultura ristretta e per giunta poco capace di servirsene, poco scaltro, non toccato dalle grandi lezioni artistiche del secolo (pensiamo a Proust, a Joyce, a Musil per stare soltanto nel campo della narrativa e per citare i nomi piú clamorosi), estraneo alle grandi correnti di pensiero e al loro piú recente multiforme atteggiarsi (Marx, Freud). Uno scrittore alquanto acrimonioso, la cui ironia si stempera in oratoria e in sentimentalismo, fedele al « personaggio » eppure incapace di creare personaggi affascinanti e di rilievo. *I luoghi della mia prima infanzia* ci susciterebbero un giudizio alquanto piú positivo: tuttavia vedremmo anche queste pagine come addensamento di una materia fascinosa e seducente, ma non come poesia realizzata.

Per un altro verso, i racconti ci fanno sospettare, anche se ovviamente non ce ne danno la sicurezza, che al di là del *Gattopardo*, al di là cioè, di un romanzo in cui la poesia, come vedremo, nasce dal moralismo offeso e si esprime come negazione della vita, come ansia di morte, come traduzione in chiave mortuaria del proprio stesso patrimonio di memorie, Lampedusa non sarebbe andato: che quella era la sua invalicabile dimensione.

Dal punto di vista culturale, cogliamo poi la presenza agente e condizionante in Lampedusa di influssi letterari riconducibili agli aspetti deteriori del naturalismo, del decadentismo, del crepuscolarismo e ci spieghiamo meglio le debolezze, i limiti del *Gattopardo*. I racconti ci dicono insomma che Lampedusa aveva debiti che i suoi incondizionati esaltatori rifiutano di ammettere. Non si vuol negare con ciò che Lampedusa fosse amoroso e intelligente lettore di Montaigne, di Stendhal, di Proust, e magari sdegnoso lettore di scrittori di cui i suoi amici e discepoli non hanno saputo dirci i nomi: ma che a sua stessa insaputa, scrivendo, fosse da questi suggestionato. Si danno simili fenomeni, contraddittori solo apparentemente, perché un conto è ciò che uno riesce a discernere e a captare con l'intelligenza, altra cosa è ciò che con l'intelligenza riesce a far proprio al punto da usarlo, altra cosa ancora ciò che consciamente o inconsciamente assorbe e lo condiziona. L'intelligenza può avvertire lucidamente certi fatti, può fare certe scelte; ma molti sono i condizionamenti culturali, palesi o nascosti, che possono negare quelle scelte e imporne altre. E che ci fosse una frattura fra l'intelligenza di Lampedusa — intelligenza moderna, cosmopolita, ironica, diciamo pure non italiana — e altri dati della sua personalità è difficilmente negabile. Contraddizioni in Lampedusa non ne mancano davvero. Egli era tutto rotto fra quel che capiva e quel che era, fra ciò che pensava possibile e ciò che avrebbe voluto. Queste contraddizioni, quando sono poeticamente risolte, lo sono in chiave di ironia e di funebre, disperato orgoglio. Cosí il contrasto fra cosmopolitismo e provincialismo, fra generosità ed egoismo, fra voglia di fare e pigrizia. Contraddizioni acutamente sofferte, ma non grandiose, non tragiche: quindi poesia autentica, ma non tragica. I limiti del dramma di Lampedusa sono i limiti della sua poesia. Lampedusa, e i racconti lo testimoniano come e piú del *Gattopardo*, non è un utopista, né come uomo né come scrittore. È un moralista astratto che non riesce ad essere coerentemente e totalmente astratto. Diciamo che è un astratto che coltiva un'ambizione di concretezza: vorrebbe che il suo discorso mentale fosse svolto dalle cose, che l'universale uscisse da una coltivazione del particolare. Egli indugia sul particolare, ma non lo ama abbastanza: perlomeno non di un amore cosí intenso, fondo, penetrante da farlo vivere di vita non aneddotica, non limitata, da farne universale, da trarne poesia grande e magistrale. L'amore di Lampedusa per il particolare è, al suo acme, egoismo piú che egotismo memorico. Il limite della poesia di Lampedusa è anche l'insufficienza del suo amore terreno; è la sua incapacità di scelta (scelta interiore, beninteso, non esteriore); è il moralismo totalitario non accompagnato da una sufficiente e operosa tensione morale. Prendiamo la Sicilia: Lampedusa non sa fare dell'isola amata e denigrata né qualcosa di tutto diverso dal resto del mondo, né un pezzo di mondo eguale a tutto il resto, e d'altra parte non sa rinunciarvi. La sua poesia è poesia di vita e di morte, ma non della vita e della morte che quell'isola, nella sua peculiarità e irripetibilità, eppure parentela e addirittura somiglianza con il resto dell'universo, esemplifica: vita, ovviamente, contraddittoria, ambigua e, come sempre la vita, presenza di morte. L'isola non è il particolare amato, poetizzato, universalizzato; non è concreto che vive, bensí un tormentato pretesto che resta ai margini della poesia, quando addirittura non la pregiudica.

Il Gattopardo

La trama del *Gattopardo* non è complicata. Siamo nel 1860 e i garibaldini sono sbarcati a Marsala. Tutta l'isola è in fermento. La nobiltà siciliana sente imminente la propria rovina e infatti una nuova classe sociale, sostanzialmente non migliore, la classe dei mezzadri, degli amministratori che hanno fatto fortuna profittando dell'ingenuità, della pigrizia, dei vizi dell'aristocrazia, si affaccia alla ribalta e si appresta a prendere il potere. Don Fabrizio Corbera, principe di Salina (il gattopardo rampante è lo stemma della famiglia), non è, nel comportamento, diverso dagli altri nobili: anche lui pigro, assiste alla rovina del proprio patrimonio e del proprio ceto senza trovare in sé la voglia di far qualcosa per porvi riparo. Ma è perfettamente consapevole di quanto accade: i Borboni hanno esaurito il loro ruolo, sono condannati a sparire; inutile attaccarsi al passato, inutile coltivare la speranza che il vecchio mondo sopravviva.

Naturalmente, il mondo nuovo che sta per nascere, a Don Fabrizio, vero aristocratico, non piace: egli non può provare nessuna simpatia per quegli omuncoli avidi, meschini, privi di ideali e di stile che stanno per avere la meglio. Da una parte, dunque, egli sa che il mondo a cui appartiene muore, ma non crede che serva opporsi a questa morte, né intende partecipare alla lotta per la conservazione del vecchio o per l'avvento del nuovo. Dall'altra parte, capisce perfettamente quel che gli dice suo nipote e figlio adottivo, Tancredi Falconeri, un giovanotto vivace, cinico e spregiudicato: « Se vogliamo che tutto rimanga com'è bisogna che tutto cambi. » Bisogna star con Garibaldi, insomma, per impedire a Garibaldi di combinare la repubblica.

Cosí don Fabrizio lascia che Tancredi si metta coi garibaldini. Poi non si oppone alle sue nozze con Angelica, la bellissima figlia di un contadino arricchito, Calogero Sedàra, anzi le favorisce. E resti pure delusa Concetta, una delle figlie di don Fabrizio, che ama Tancredi e spera di esser lei a sposarlo: Tancredi è nobile ma povero, gli occorre una sostanziosa dote, per far carriera, per affermarsi nel mondo, per essere dalla parte di coloro che contano. Le cose, è ferma convinzione di don Fabrizio, non muteranno comunque, nella sostanza: ci sarà sí qualche cambiamento superficiale, ci saranno nuovi padroni al posto dei vecchi; ma sempre ci saranno sfruttatori e sfruttati, padroni e servi, e i servi saranno sempre quelli. Il mondo, come sempre, sarà di chi ha meno scrupoli, di chi non è impacciato da freni morali. L'avvenire è dei Sedàra. Dunque, bando alle ubbie aristocratiche: Tancredi sposi Angelica.

Don Fabrizio non ha illusioni, il suo scetticismo è assoluto. Quando si presenta un inviato del governo piemontese, Chevalley, a offrirgli, come a isolano illustre, un seggio in Senato, egli rifiuta. Che se ne farebbe il governo di un senatore incapace di ingannare se stesso, figuriamoci gli altri? Di un senatore vecchio e legato indissolubilmente al vecchio, nonostante la sua comprensione della inevitabilità del nuovo? Meglio far senatore Calogero Sedàra: costui, se non ha illusioni, sa almeno fingersene quando occorre. Infatti Sedàra diventa senatore, cosí come Tancredi ambasciatore. E don Fabrizio attende, disincantato, parlando soltanto con le stelle (ha sempre coltivato l'astronomia), la morte. Tutta la sua vita è preparazione e attesa della morte.

Muore in un alberguccio di Palermo, nel 1883, mentre sta tornando da Napoli dove si è recato per un consulto medico. Dopo di lui è lo sfacelo della casata.

Restano le tre figlie zitelle, Concetta, Carolina, Caterina. Nel 1910, quando le incontriamo ancora, sono ridotte a vecchie maniache e bigotte, tutte dedite alle pratiche religiose e alla collezione di reliquie. Ma anche questo giocattolo vien loro meno: il vescovo ordina una ispezione di tutte le cappelle private della città, per accertare appunto l'autenticità delle reliquie, e di quelle che le tre sorelle conservano poche si salvano, la maggior parte son condannate alla distruzione.

È la fine, il vuoto totale. Ormai tutto ciò che appartiene al passato non può che suscitare amari ricordi. Anche il cane impagliato, Bendicò, l'animale che il principe aveva avuto carissimo. Concetta lo fa buttare:

> « Durante il volo giú dalla finestra, la sua forma si ricompose un istante: si sarebbe potuto vedere danzare nell'aria un quadrupede dai lunghi baffi, e l'anteriore destro alzato sembrava imprecare. Poi tutto trovò pace in un mucchietto di polvere livida ».

Questo è il filone principale della vicenda, accanto al quale corrono, intrecciandovisi, altri filoni secondari. Accenneremo soltanto agli amori del principe per una prostituta palermitana; agli amori di Tancredi per Angelica; alla passione del principe per l'astronomia; ai suoi colloqui con un amico e compagno di cacce, Ciccio Tumeo, e con il gesuita padre Pirrone, ecclesiastico di casa; al viaggio e al soggiorno della famiglia Salina alla residenza estiva di Donnafugata; al viaggio di padre Pirrone al paese natale; al grande ballo a palazzo Ponteleone.

Del romanzo cercheremo ora di presentare i temi e i motivi rilevanti (paesaggio, storia, amore, morte, ecc.), per vedere come in essi e attraverso essi si atteggi il discorso e si esprima la poesia di Lampedusa.

Cominciamo con il paesaggio.

Il paesaggio del *Gattopardo* di cui vogliamo parlare non è soltanto quello che si riferisce ai luoghi nei quali l'azione si svolge, bensí quel complesso di forme, colori, odori, suoni che contribuiscono a connotare i gesti e i personaggi, che ne sono cornice, dilatazione, spiegazione. Quindi terre e paesi, strade ed edifici, stagioni e clima, animali e piante, costumi e cibi. Non è un paesaggio alluso o fuggevolmente accennato: è insistito, proclamato, sottolineato. Si capisce che Lampedusa lo vuole come elemento primario della narrazione, non semplice cornice o supporto dell'azione, ma significante, esplicativo. In altre parole, lo vuole persona del dramma con un ruolo essenziale, non scenario armonioso e indifferente.

Questo paesaggio ci si presenta ricco di colori già nelle prime pagine del *Gattopardo*. Sono colori chiarissimi ma raramente abbaglianti, estuosi e spesso estenuati, tanto piú mortuari quanto piú ridenti. Avvolgono e accarezzano la carne senza esaltarla o accenderla, ne esasperano l'impudicizia pagana. Ori, azzurri, rossi di oggetti e persino di sguardi e parole («i fiori d'oro di parole inconsuete», le «occhiate azzurrine»).

È appena terminata la recita del rosario serale e i personaggi son tutti lí, raccolti nel salone rococò al quale pennellate un po' frenetiche conferiscono una corposità quasi eccessiva. L'aria del romanzo ci vien tutta addosso: si rarefarà nelle pagine seguenti, ma qui è densa, sopraffattoria e mozza il fiato. Sono ventate sull'onda di un periodare che si sviluppa per alti e bassi costanti: i periodi son tutti, o quasi, tocchi descrittivi che cominciano con una proposizione sommessa e si slargano a suggerire scenari che si accampano un attimo per chiudersi in svelte dissolvenze. Ecco i pappagalli che spiegano le ali iridate sulla seta del parato; la Maddalena che pare una bella biondona svagata in chissà quali sogni; le nudità mitologiche sul latteo pavimento, coperte e scoperte dalle chiare sottane delle ragazze e dalla nera tonaca di padre Pirrone; Perseo argenteo sui flutti; schiere di Tritoni e Driadi che si precipitano verso la Conca d'Oro fra nuvole lampone e ciclamino; lo scudo azzurro col gattopardo sorretto da un folgorante Giove, da un accigliato Marte, da una languida Venere; le bertucce sulle pareti che fanno sberleffi ai *cacatoés*; il bigliettino color di mammola che il duchino Paolo ha invano atteso dall'amichetta Fanny; la borsa trapunta di *jais* della principessa; lo smisurato messale rosso del principe; la macchiolina di caffè sulla vasta bianchezza del suo panciotto.

Un'orgia coloristica, dove il colore è al tempo stesso glutine che lega i personaggi maggiori e minori vicendevolmente e all'ambiente, segno distintivo dei protagonisti, avvisaglia massiccia di un discorso solare, in cui il tema della luce vitalizzante e massacrante assumerà toni spasmodici. Insieme c'è l'ansia di fissare subito l'immagine e il ruolo dei personaggi, come la principessa, che è già tutta nelle poche righe che qui la descrivono:

> « La prepotenza ansiosa della Principessa fece cadere seccamente il rosario nella borsa trapunta di *jais*, mentre gli occhi belli e maniaci sogguardavano i figli servi e il marito tiranno verso il quale il corpo minuscolo si protendeva in una vana ansia di dominio amoroso ».

Quanto a lui, il principe, non potrebbe essere piú *detto*: alzandosi,

> « l'urto del suo peso da gigante faceva tremare l'impiantito, e nei suoi occhi chiarissimi si riflesse, un attimo, l'orgoglio di questa effimera conferma del proprio signoreggiare su uomini e fabbricati ».

È immenso e fortissimo, sfiora col capo il rosone inferiore dei lampadari, riesce ad accartocciare con le dita le monete da un ducato e di questo suo vigore, nei momenti d'ira, fanno le spese le posate di casa; le sue dita sanno tuttavia anche essere delicatissime (« e di ciò si ricordava a proprio danno Maria Stella, la moglie ») quando maneggiano le viti, le ghiere, i bottoni smerigliati dei telescopi e cannocchiali ch'egli, appassionato matematico e astronomo, tiene nel suo osservatorio privato. Il suo colorito roseo e il suo pelame color di miele ricordano « l'origine tedesca di sua madre, di quella principessa Carolina la cui alterigia aveva congelato, trent'anni prima, la Corte sciattona delle Due Sicilie ». Figlio di una madre orgogliosa e intellettuale e di un padre sensuale e facilone, il principe vive in perpetuo scontento, sta a contemplare la rovina del proprio patrimonio « senza avere nessuna attività ed ancora minor voglia di porvi riparo ». Dalla madre gli vengono anche una certa rigidità morale, una propensione alle idee astratte che si mutano, nella molliccia società palermitana, « in prepotenza capricciosa, perpetui scrupoli morali e disprezzo per i suoi parenti e amici », che gli sembrano andare alla deriva « nei meandri del lento fiume pragmatistico siciliano ».

Il paesaggio contribuisce a porre la morte (annunciata nella prima battuta del libro, con il frammento di preghiera che chiude il rosario: « Nunc et in hora mortis nostrae ») fra i motivi dominanti del *Gattopardo*. I colori degli oggetti e persino, abbiamo visto, dei gesti, insieme alla carne che ci appare come un loro atteggiarsi piú solido, e agli odori, sono un segno della morte, suo schermo ma anche linguaggio; morte presentissima, essenza di tutte le cose che ne sono intrise e tanto piú la conclamano quanto piú appaiono sorridenti, brillanti, magari allegre. La morte è nel fremito vitale delle cose, nella loro opulenza e delicatezza, in quella che appare tutta vitalità, come nel loro sfacelarsi in odori la cui gradevolezza è a momenti cosí intensa da ingenerare sazietà e nausea.

È questo un aspetto della morte, nel *Gattopardo*, cui conviene badare: la morte non ghigna mai, non è mai fosca e mai si presenta con la divisa che l'iconografia funeraria soprattutto cristiana le ha attribuita; quando ciò accade, in rarissime circostanze (come nella descrizione del cadavere del soldato trovato nel giardino del principe o nei discorsi truculenti di Tancredi al piemontese Chevalley di Monterzuolo), perde la sua persuasività, scade nel caricaturale e nel superficiale. La morte del *Gattopardo*, quella autentica, è nel sorriso e nella mondanità dei personaggi, nell'invadenza dei colori, nella tetragonia del sole, nell'imperversare degli odori. Diciamo che la morte è il nero rapinoso e totale che la luce diventa quando è spampanata, onnipresente, pervasiva, cocciuta. La qualità di questa morte è marina: anche se a dirla sono, piú che il mare, le case dei poveri, i palazzi dei ricchi, le putrescenti strade cittadine, gli ornamenti delle donne, i succulenti cibi, gli scabri deserti isolani. È il nero sotto lo scintillio festevolissimo del mare che, piú scintilla alla superficie, piú allude alla propria cupezza abissale. Ritroveremo questa marinità della morte, sempre in un tocco paesistico, nel settimo capitolo, per la verità uno dei meno felici, dove si racconta la fine del principe. Dal balcone dell'alberguccio dove lo hanno sistemato perché, di ritorno da un viaggio a Napoli dove si è recato per un consulto medico, non gliela fa a raggiungere casa, il principe vede il mare di Palermo « compatto, oleoso, inerte ». Questo mare

« si stendeva di fronte a lui, inverosimilmente immobile ed appiattito come un cane che si sforzasse di rendersi invisibile alle minacce del padrone; ma il sole immoto e perpendicolare stava lí sopra piantato a gambe larghe, e lo frustava senza pietà ».

Le immagini qui sono stentate e diventano piatte nelle ultime righe del capitolo. Intorno al morente sono, in lacrime, i parenti:

> « Fra il gruppetto ad un tratto si fece largo una giovane signora; snella, con un vestito marrone da viaggio ad ampia *tournure,* con un cappello di paglia ornato da un velo a pallottoline che non riusciva a nascondere una maliziosa avvenenza del volto. Insinuava una manina guantata di camoscio fra un gomito e l'altro dei piangenti, si scusava, si avvicinava. Era lei, la creatura bramata da sempre che veniva a prenderlo: strano che cosí giovane com'era si fosse arresa a lui; l'orario di partenza del treno doveva essere vicino. Giunta faccia a faccia con lui sollevò il velo, e cosí, pudica, ma pronta ad esser posseduta, gli apparve piú bella di come mai l'avesse intravista negli spazi stellari. Il fragore del mare si placò del tutto ».

La morte dunque si presenta come una figura femminile che il principe ha intravisto nella folla alla stazione. Purtroppo, in questo zoppicante brano, che ci riporta agli aspetti deteriori della sua cultura, Lampedusa avvilisce la morte, dandole fattezze leziose e crepuscolari.

Morte marina, morte luce, in un'isola dalla luce flagellata come il mare che la segrega dal resto del mondo; isola privilegiata in quanto ideale albergo della morte, allusione non sommessa ma magniloquente, dirompente, irrefrenabile di morte.

La morte piú autentica la troviamo in un altro brandello di paesaggio, nel primo capitolo, quando il principe, dopo il rosario, scende in giardino:

> « Racchiuso come era questo fra tre mura e un lato della villa, la reclusione gli conferiva

un aspetto cimiteriale accentuato dai monticciuoli paralleli delimitanti i canaletti d'irrigazione e che sembravano tumuli di smilzi giganti... Ma il giardino costretto e macerato fra quelle barriere, esalava profumi untuosi, carnali e lievemente putridi, come i liquami aromatici distillati dalle reliquie di certe sante; i garofanini sovrapponevano il loro odore pepato a quello protocollare delle rose ed a quello oleoso delle magnolie che si appesantivano negli angoli; e sotto sotto si avvertiva anche il profumo della menta misto a quello infantile della gaggía ed a quello confetturiero della mortella; e da oltre il muro l'agrumeto faceva straripare il sentore di alcova delle prime zagare... Le rose *Paul Neyron*, le cui piantine aveva egli stesso acquistato a Parigi, erano degenerate; eccitate prima e rinfrollite poi dai succhi vigorosi e indolenti della terra siciliana, arse dai lugli apocalittici, si erano mutate in una sorta di cavoli color carne, osceni, ma che distillavano un aroma denso quasi turpe, che nessun allevatore francese avrebbe osato sperare. Il Principe se ne pose una sotto il naso e gli sembrò di odorare la coscia di una ballerina dell'Opera ».

In meno di una pagina, una concentrazione di odori da levare il fiato, umidi, legati al cibo (pepe, olio, confetture, cavoli, menta) o al sesso (alcova, coscia della ballerina).
La morte ha i connotati della sensualità: e fin qui niente di originale, poiché sensualità e morte sono associazione consueta. Ciò che c'è di notevole è l'assieparsi quasi maniacale delle immagini, l'abbondanza degli aggettivi espliciti e forti, la volontà di non lasciar scampo al lettore, di costringerlo in una rete di sensazioni visive e olfattive, quasi per farlo piú

remissivo, piú pronto ad accettare il resto. Nessuna discrezione, quindi, ma un tendere la corda al limite della rottura, come accade poche righe dopo, quando si descrive il cadavere del soldato che è venuto a morire nel giardino:

« Lo avevano trovato bocconi nel fitto trifoglio, il viso affondato nel sangue e nel vomito, le unghie confitte nella terra, coperto di formiconi; e di sotto le bandoliere gl'intestini violacei avevano formato pozzanghera ».

Il soprastante Russo gli copre il volto con un fazzolettone rosso, gli ricaccia « con un rametto le viscere dentro lo squarcio del ventre ». E il principe, passeggiando accanto alla statua della Flora, mentre il sole basso proietta « immane l'ombra sua sulle aiuole funeree », fa le sue amare riflessioni:

« Perché morire per qualcheduno o per qualche cosa, va bene, è nell'ordine; occorre però sapere o, per lo meno, esser certi che qualcuno sappia per chi o per che si è morti... ».

C'è in Lampedusa, si direbbe, una voglia di infierire. Quando dopo la cena scende a Palermo in carrozza, insieme a padre Pirrone, le moli dei numerosissimi conventi che la città alberga gli ispirano queste notazioni:

« Smunte cupole dalle curve incerte simili a seni svuotati di latte si alzavano ancora piú alte; ma erano essi, i conventi, a conferire alla città la cupezza sua e il suo carattere, il suo decoro, ed insieme il senso di morte che neppure la frenetica luce siciliana riusciva mai a disperdere ».

Dove egli sembra non rendersi conto che la morte è appunto nella luce, è la luce stessa in quanto perentoria e violentissima evocatrice del suo contrario. È cosí anche quando il paesaggio muta e pare quietarsi in un blando sorriso:

> « Sotto il lievito del forte sole ogni cosa sembrava priva di peso; il mare, in fondo, era una macchia di puro colore, le montagne che la notte erano apparse temibilmente piene di agguati, sembravano ammassi di vapori sul punto di dissolversi, e la torva Palermo stessa si stendeva acquetata attorno ai conventi come un gregge al piede dei pastori. Nella rada le navi straniere all'ancora, inviate in previsione di torbidi, non riuscivano ad immettere un senso di timore nella calma maestosa. Il sole, che tuttavia era ben lontano dalla massima sua foga in quella mattina del 13 maggio, si rivelava come l'autentico sovrano della Sicilia: il sole violento e sfacciato, il sole narcotizzante anche, che annullava le volontà singole e manteneva ogni cosa in una immobilità servile, cullata in sogni violenti, in violenze che partecipavano all'arbitrarietà dei sogni ».

Non c'è quasi sostantivo privo del suo aggettivo; non c'è aggettivo che non sia tutto dichiarante. È una delle tendenze di Lampedusa: la sua aggettivazione è sovente gratuita e declamatoria. Soffermiamoci sul brano ultimo riportato e notiamo come non sia necessario l'aggettivo *puro* accanto a *colore*, come nulla aggiunga l'avverbio *temibilmente* alle *montagne piene di agguati*, come insipido sia quel *maestosa* vicino alla *calma*, come *autentico* non arricchisca *sovrano*, come dubbi e comunque eccessivi appaiano i tre aggettivi *violento, sfacciato, narcotizzante*. Il linguaggio di Lampedusa, soprattutto quando si riferisce al paesaggio, non conosce discrezione, è tutto insistenze e precisazioni, dilatazioni e sottolineature di significati, caratterizzato da una radicale sfiducia nella sufficienza del sostantivo. Niente di meno stendhaliano di questo linguaggio tutto ghirigori e pennacchi, teso a mettere odori sugli odori, colori sui colori, sicché la luce solare è sempre precisata in uno o piú suoi connotati, il profumo di un fiore è sempre predicato come se il fiore da sé non lo potesse dire. Analogie si insinuano fra sostantivi e aggettivi, e non sono quasi mai sottili, non hanno quasi mai carattere di scoperta, di fresca intuizione, fanno parte di un repertorio al quale Lampedusa attinge troppo impetuosamente, lasciandosi dominare dall'ansia descrittiva: per cui in tre righe possiamo trovare il *lievito del forte sole, ogni cosa priva di peso*, le montagne che sembrano *ammassi di vapori sul punto di dissolversi* (e qui l'immagine non è solo risaputa, è anche faticosa), il mare *macchia di puro colore*, Palermo *acquetata attorno ai conventi come un gregge al piede dei pastori*.

Profittiamo di questo discorso sul paesaggio per notare che nessuno si è mai preoccupato di guardare la pagina di Lampedusa con una lente d'ingrandimento, di sottoporla a questa specie di analisi, banale quanto si vuole, ma insostituibile per misurare l'originalità e l'intensità linguistica di uno scrittore. Quasi fosse mancanza di riguardo o un libro non fosse fatto anche di questo. Comunque, se indugiamo su questi aspetti del *Gattopardo* non è per trovare appigli utili a deprimere Lampedusa o a negarne la poesia; semmai per arrivare al cuore, all'essenza della medesima. La forza di Lampedusa non è nel linguaggio. Guardato da vicino, esso appare cedevole; il fascino che nell'insieme emana è precario, non dura e non convince. Non è il linguaggio del *Gattopardo* che rimane nella memoria del lettore, bensí la parabola funeraria impersonata da Fabrizio Salina e dai personaggi minori; e quella parabola funeraria, che si costruisce quasi a dispetto del linguaggio, è tutta nell'atteggiamento del principe di fronte alle cose, è nel suo modo di guardare il mondo. È una parabola astratta, e in questa astrattezza Lampedusa ha dato il meglio di sé. L'astrattezza però è continuamente posta a cimento da un rigoglio immaginifico di qualità inferiore, che ne compromette il nitore e la semplicità. Abbiamo detto altrove che Lampedusa non è scrittore tutto astratto né tutto concreto. L'astrattezza, che è la parte positiva della sua personalità, gli viene dall'intelligenza (laica, anzi atea, disincantata, cosmopolita, avvezza ad elette frequentazioni, positivamente provocata dai grandi scrittori di tutti i tempi, poco italiana, con chiare radici nordiche, intrisa di ironia, poco corriva, non esente da cattiveria); è un'intelligenza moralistica e prevaricatoria, che tende a distorcere le cose e i fatti per farli servire a una dimostrazione. È proprio quando piú vuol essere concreto e realista, quando piú si attende conforto e sostegno dalle *cose come sono*, che lo stendhaliano Lampedusa riesce meno stendhaliano e denuncia la parte piú debole della sua personalità, radici e condizionamenti culturali di cui non è consapevole e che comunque avversa. Quanto piú libera dalle viscere, isolata e prevaricatoria, tanto piú fruttuosamente operante è l'intelligenza di Lampedusa: essa si fa cagionevole quando si sforza di convivere con il cuore o di rispettare la realtà.

Certo, la positiva astrattezza del personaggio don Fabrizio acquista evidenza e significato accampandosi su un terreno che si dà come concreto ed è invece labile, franoso; sul terreno di una esecrata ma non sufficientemente esecrata, e comunque risaputissima, sensualità. Questa sensualità appiccicosa, infallantemente segnalata dall'accoppiamento di snervati odori e colori, dove gli odori spesso prevalgono e danno il tono, è una palude sulla quale Fabrizio Salina agonizza e dalla quale la sua vicenda prende parte della sua evidenza di parabola. Eccola ancora esplodere, in un'altra notazione paesistica, mentre la carrozza con il principe e padre Pirrone scende verso Palermo:

> « Adesso la strada attraversava gli aranceti in fiore, e l'aroma nuziale delle zagare annullava ogni cosa come il plenilunio annulla un paesaggio: l'odore dei cavalli sudati, l'odore di cuoio delle imbottiture della carrozza, l'odor di Principe e l'odor di Gesuita, tutto era cancellato da quel profumo islamico che evocava urí e carnali oltretomba ».

Descrizione non particolarmente seducente, ma accettabile, se non arrivassero le urí a guastar tutto. Poco piú avanti però c'è un'immagine infelice:

> « ... nel vecchio porto peschereccio le barche dondolavano semiputride, con l'aspetto desolato di cani rognosi ».

Non mutano le cose nel secondo capitolo, nella cui prima parte si descrive il viaggio della famiglia Salina a Donnafugata: perché non c'è, come ne *I luoghi della mia prima infanzia*, un abbandonarsi totale dell'autore alla memoria e alla favola dell'infanzia, favola che tutto sussume, riscatta e impreziosisce: la memoria è strumentalizzata, vuol essere recuperatrice e formatrice di concretezza. Solo a momenti, la favola infantile riemerge intatta, indipendente, gratuita:

> « Si erano attraversati paesi dipinti in azzurrino tenero, stralunati; su ponti di magnificenza bizzarra si erano valicate fiumane integralmente asciutte; si erano costeggiati disperati dirupi che saggine e ginestre non riuscivano a consolare ».

Ma Lampedusa non pensa che il lettore ne abbia avuto abbastanza, non è convinto di avere segnalato come si conviene il luttuoso contesto, e insiste:

> « Vicino al pozzo premuroso incominciò la colazione. Intorno ondeggiava la campagna funerea, gialla di stoppie, nera di restucce bruciate; il lamento delle cicale riempiva il cielo. Era come il rantolo della Sicilia arsa che alla fine di agosto aspetta invano la pioggia ».

Il giardino di Donnafugata è un doppione di quello che abbiamo già conosciuto, con forse meno insistito il disordine di per sé evocante la carne sfrenata, ma altrettanto sfatto, in sciatta e delicata opulenza: luce cortese adesso, dopo la prepotenza diurna, che illumina araucarie, pini, lecci, siepi di alloro, busti di dee senza naso; fontana di Anfitrite con Tritoni, Naiadi, mostri marini, le cui acque sulla superficie del bacino suscitano « rimbalzi, bolle, spume, ondulazioni, fremiti, gorghi ridenti »; muschi vellutati.

Altre notazioni di questo viaggio riguardano le orribili strade siciliane, « vaghe tracce irte di buche e zeppe di polvere »; le soste in locande come quella di Prizzi, infestata da « faune repellenti », e quella di Bisacquino, dove il principe trova « tredici mosche dentro il bicchiere della granita ».

Fa parte del paesaggio anche il principe che fa il bagno nel palazzo di Donnafugata:

> « Entrò nello stanzino da bagno: piccolo, imbiancato a calce, col pavimento di ruvidi mattoni, nel cui centro vi era l'orifizio per lo scolo dell'acqua. La vasca era una sorta di truogolo ovale, immenso, in lamierino verniciato, giallo fuori e grigio dentro, issato su quattro robusti piedi di legno. Appeso a un chiodo del muro un accappatoio; su una delle sedie di cor-

da la biancheria di ricambio; su un'altra un vestito che recava ancora le pieghe prese nel baule. Accanto al bagno un grosso pezzo di sapone rosa, un fazzolettone annodato contenente della crusca che bagnata avrebbe emesso un latte odoroso, una enorme spugna, una di quelle che gli inviava l'amministratore di Salina. Dalla finestra senza riparo il sole entrava brutalmente ».

Ecco poi il principe che esce dalla vasca e si offre allo sguardo turbato di padre Pirrone:

« ... non piú velato dall'acqua saponata, non ancora rivestito del provvisorio sudario, si ergeva interamente nudo, come l'Ercole Farnese, e per di piú fumante, mentre giú dal collo, dalle braccia, dallo stomaco, dalle coscie, l'acqua gli scorreva a rivi, come il Rodano, il Reno, il Danubio e l'Adige traversano e bagnano i gioghi alpini ».

La stanza è carica di « odore latteo di crusca, di odor di mandorla di sapone ».

Arriviamo infine al pranzo, con la minuziosa e compiaciutissima descrizione dei cibi, nella quale Lampedusa si cimenta anche altre volte. Qui sono monumentali pasticci di maccheroni:

« L'oro brunito dell'involucro, la fragranza di zucchero e di cannella che ne emanava, non erano che il preludio della sensazione di delizia che si sprigionava dall'interno quando il coltello squarciava la crosta: ne erompeva dapprima un fumo carico di aromi e si scorgevano poi i fegatini di pollo, le ovette dure, le sfilettature di prosciutto, di pollo e di tartufi nella massa untuosa, caldissima dei maccheroncini corti, cui l'estratto di carne conferiva un prezioso color camoscio ».

In queste descrizioni gastronomiche Lampedusa ha decisamente la mano felice. Si capisce che lo esalta la simbologia culturale dei manicaretti, non soltanto cioè la loro sostanza di sapori e di aromi, ma in qualche modo il fatto che in essi si esprimono la ricchezza, il fasto, lo spreco, la pazientissima, elaboratissima, distillatissima concrezione di esperienze che in un baleno si sfa, lasciando di sé ricordo peraltro insostituibile, come l'aristocrazia, come la civiltà, come ogni creazione umana che trae splendore e valore dalla consapevolezza, che le sta alla radice, della sua consumabilità, della sua provvisorietà. Può sembrare esagerato, ma, nel manicaretto che descrive, Lampedusa ravvisa la propria storia e la storia del suo ceto; ogni manicaretto è una parabola significativa e careggiata. Vediamone un esempio chiarissimo nel primo capitolo. La principessa, grata per le notturne attenzioni amorose del principe, gli ha fatto preparare il dolce preferito, la gelatina al rhum:

« Si presentava minacciosa, con quella sua forma di torrione appoggiato su bastioni e scarpate, dalle pareti lisce e scivolose impossibili da scalare, presidiata da una guarnigione rossa e verde di ciliegie e di pistacchi; era però trasparente e tremolante ed il cucchiaio vi si affondava con stupefacente agio. Quando la fortezza ambrata giunse a Francesco Paolo, il ragazzo sedicenne ultimo servito, essa non consisteva piú che di spalti cannoneggiati e grossi blocchi divelti ».

Questa delizia sensoriale e culturale ha accenti quasi epici nella descrizione del buffet durante il ballo a palazzo Ponteleone:

> « ... coralline le aragoste lessate vive, cerei e
> gommosi gli *chaud-froids* di vitello, di tinta
> acciaio le spigole immense nelle soffici salse,
> i tacchini che il calore dei forni aveva dorato,
> i pasticci di fegato grasso rosei sotto le coraz-
> ze di gelatina, le beccaccie disossate recline su
> tumuli di crostini ambrati, decorati delle loro
> stesse viscere triturate, le galantine color d'au-
> rora... immani *babà* sauri come il manto dei
> cavalli, Monte Bianchi nevosi di panna, *bei-
> gnets Dauphin* che le mandorle screziavano di
> bianco e i pistacchi di verdino, collinette di
> *profiteroles* alla cioccolata, marroni e grasse co-
> me l'humus della piana di Catania dal quale,
> di fatto, attraverso lunghi rigiri essi provenivo-
> no, *parfaits* rosei, *parfaits* sciampagna, *parfaits*
> bigi che si sfaldavano scricchiolando quando la
> spatola li divideva, sviolinature in maggiore
> delle amarene candite, timbri aciduli degli ana-
> nas gialli, e "trionfi della gola" col verde opaco
> dei loro pistacchi macinati, impudiche "paste
> delle Vergini" ».

Nature morte votate a una morte ancora maggiore, alla distruzione, all'ingurgitamento, allo spreco: e qui la sottolineatura è dello spreco di valori faticosissimamente accumulati, la sensualità è nella distruzione, il piacere è meno nei colori dichiarati, negli aromi e gusti suggeriti e piú nella spatola che aggredisce il dolce e lo divide sfaldandolo.

Questo buffet a casa Ponteleone è anch'esso un fregio funerario, è impregnato di morte come la sala da ballo

> « tutta oro: liscio sui cornicioni, cincischiato
> dalle inquadrature delle porte, damaschinato
> chiaro, quasi argenteo su meno chiaro, nelle
> porte stesse e nelle imposte che chiudevano le

finestre e le annullavano, conferendo cosí all'ambiente un significato orgoglioso di scrigno escludente qualsiasi riferimento all'esterno non degno. Non era la doratura sfacciata che adesso decoratori sfoggiano, ma un oro consunto, pallido come i capelli di certe bambine del Nord... Qua e là sui pannelli, nodi di fiori rococò, di un colore tanto svanito da non sembrare altro che un effimero rossore dovuto a riflessi dei lampadari ».

Quando don Fabrizio esce dal sudore e dalla confusione del ballo, nella sporcizia e tristezza mattutina della città, il suo sguardo si volge in cerca di conforto alle stelle:

« Nelle strade vi era già un po' di movimento: qualche carro con cumuli d'immondizie alti quattro volte l'asinello grigio che li trascinava. Un lungo barroccio scoperto portava accatastati i buoi uccisi poco prima al macello, già fatti a quarti e che esibivano i loro meccanismi piú intimi con l'impudicizia della morte. A intervalli una qualche goccia rossa e densa cadeva sul selciato. Da una viuzza traversa intravide la parte orientale del cielo al di sopra del mare. Venere stava lí, avvolta nel suo turbante di vapori autunnali. Essa era sempre fedele, aspettava sempre don Fabrizio alle sue uscite mattutine, a Donnafugata prima della caccia, adesso dopo il ballo. Don Fabrizio sospirò. Quando si sarebbe decisa a dargli un appuntamento meno effimero, lontano dai torsoli e dal sangue, nella propria regione di perenne certezza? ».

Ci sono due brani nei quali la cupezza mortuaria del paesaggio siciliano tocca il vertice. Il primo, nel terzo capitolo, dove si descrive la caccia di don Fabrizio e di Ciccio Tumeo. I due hanno appena ucciso un coniglio selvatico e sostano in cima al monte:

« Quando i cacciatori giunsero in cima al monte, di fra i tamerici e i sugheri radi apparve l'aspetto della vera Sicilia, quello nei cui riguardi città barocche ed aranceti non sono che fronzoli trascurabili: l'aspetto di una aridità ondulante all'infinito in groppe sopra groppe, sconfortate e irrazionali, delle quali la mente non poteva afferrare le linee principali, concepite in un momento delirante della creazione: un mare che si fosse a un tratto pietrificato nell'attimo in cui un cambiamento di vento avesse reso dementi le onde. Donnafugata, rannicchiata, si nascondeva in una piega anonima del terreno e non si vedeva anima viva: sparuti filari denunziavano soli un qualche passaggio d'uomini. Oltre le colline, da una parte, la macchia indaco del mare, ancora piú minerale e infecondo della terra. Il vento lieve passava su tutto, universalizzava odori di sterco, di carogne e di salvie, cancellava, elideva, ricomponeva ogni cosa nel proprio trascorrere noncurante; prosciugava le goccioline di sangue che erano l'unico lascito del coniglio, molto piú in là andava ad agitare la capelliera di Garibaldi e dopo ancora cacciava il pulviscolo negli occhi dei soldati napoletani che rafforzavano in fretta i bastioni di Gaeta, illusi da una speranza che era vana quanto la fuga stramazzata della selvaggina ».

È quasi perfetto, e soprattutto persuasivo: un paese rafferno nella luce, coagulo di follia e di morte.

L'altro brano è nel quarto capitolo, dove si narra il soggiorno a Donnafugata del cavaliere Chevalley di Monterzuolo, il benintenzionato e tapino piemontese venuto a offrire un seggio in Senato al principe. Il cavaliere, sbalzato dalle proprie pacifiche terre settentrionali « nella parte piú strenuamente indigena dell'isola », atterrito dai maligni racconti briganteschi che i siciliani si divertono a fargli, pronto ormai a individuare « un sicario in ciascun usciere del suo ufficio ed un pugnale in ogni tagliacarte di legno sul proprio scrittoio », scende dalla corriera a Donnafugata e indugia smarrito, non riuscendo a convincersi d'essere in un posto che fa parte della sua stessa nazione:

> «... non osava rivolgersi ad alcuno dei contadini addossati alle case come cariatidi, sicuro com'era di non esser compreso e timoroso di ricevere una gratuita coltellata nelle budella sue, che gli erano care benché sconvolte ».

Tancredi gode ad attizzare il suo terrore, a raccontargli storie di ammazzamenti, di sanguinose vendette. La piú orribile è una vicenda sacrilega e assurda nella sua efferatezza:

> « Poco dopo, in cima a una stradetta ripida, attraverso festoni multicolori di mutande sciorinate, s'intravide una chiesuola ingenuamente barocca. "Quella è Santa Ninfa. Il parroco cinque anni fa è stato ucciso lí dentro mentre celebrava la messa." "Che orrore! Una fucilata in chiesa!" "Ma che fucilata, Chevalley! Siamo troppo buoni cattolici per fare delle malcreanze simili. Hanno messo semplicemente del veleno nel vino della Comunione; è piú discreto, piú liturgico vorrei dire. Non si è mai saputo chi lo abbia fatto: il parroco era un'ottima persona e non aveva nemici" ».

Quando Chevalley, dopo l'inutile colloquio con il principe, riparte, Donnafugata — ma Donnafugata è emblema della Sicilia — si congeda da lui mostrandogli il suo volto piú nero:

« Intravista nel livido chiarore delle cinque e mezzo del mattino, Donnafugata era deserta ed appariva disperata. Dinanzi a ogni abitazione i rifiuti delle mense miserabili si accumulavano lungo i muri lebbrosi; cani tremebondi li rimestavano con avidità sempre delusa. Qualche porta era già aperta ed il lezzo dei dormienti accumulati dilagava nella strada; al barlume dei lucignoli le madri scrutavano le palpebre tracomatose dei bambini; esse erano quasi tutte in lutto e parecchie erano state le mogli di quei fantocci sui quali s'incespica agli svolti delle trazzere. Gli uomini, abbrancato lo zappone, uscivano per cercare chi, a Dio piacendo, desse loro lavoro; silenzio atono e stridori esasperati di voci isteriche; dalla parte di Santo Spirito l'alba di stagno cominciava a sbavare sulle nuvole plumbee... Chevalley s'inerpicò sulla vettura di posta, issata su quattro ruote color di vomito. Il cavallo, tutto fame e piaghe, iniziò il lungo viaggio. Era appena giorno; quel tanto di luce che riusciva a trapassare il coltrone di nuvole era di nuovo impedito dal sudiciume immemoriale dei finestrini. Chevalley era solo: fra urti e scossoni si bagnò di saliva la punta dell'indice, ripulí un vetro per l'ampiezza di un occhio. Guardò: dinanzi a lui, sotto la luce di cenere, il paesaggio sobbalzava, irredimibile ».

È forse la piú famosa, innumerevoli volte citata pagina del *Gattopardo*. Ed effettivamente è quella in cui Lampedusa dà piú distesamente, piú compiutamente la sua immagine della Sicilia. Vuol anche essere, evidentemente, un pezzo di bravura, un exploit di vigore descrittivo. Eppure non è una pagina bellissima. È troppo assillata dal bisogno dell'esplicito. Il nero è troppo nero, il puzzo è troppo puzzo. Ci son momenti in cui l'assembramento delle tinte fosche, lo spessore delle pennellate, la quantità di elementi nel quadro suscitano insofferenza. Non manca proprio niente: dal livido chiarore ai muri lebbrosi, dai cani tremebondi alle palpebre tracomatose, dalle madri in lutto alle voci isteriche, dalle ruote color di vomito ai cavalli affamati e piagati, dalla luce di cenere al sudiciume immemoriale. Anche qui aggettivi, uno dopo l'altro, senza risparmio, quasi tutti prevedibili. Anche qui quella sfiducia nel sostantivo che cosí spesso caratterizza la prosa poco stendhaliana di Lampedusa. Non si vuole negare all'immagine una sua efficacia: lo vediamo, questo paesotto siciliano sporco, miserabile, folle, affogato nel caldo e nella luce inclemente. Ma non lo vediamo al di là della sua crosta, in una sua verità che vada oltre quella piú ovvia. È un paesaggio risaputo, detto con un misto di compiacenza e di rabbia, non con penetrante pacatezza. È persino caricaturale (spesso la polemica contro la Sicilia, l'accanimento indiscreto di Lampedusa gli fanno superare l'ambíto limite del tragico e lo fanno cadere nella caricatura). Insomma non è un paesaggio *magistrale*. Potremmo addirittura dimenticarlo, se non fosse quel tocco finale assai abile, quel sobbalzare irredimibile sotto la luce di cenere. È una irredimibilità voluta e proclamata dall'autore; ci si arriva già troppo preparati; non viene affatto fuori dalle cose; però è un'espressione felice e seducente.

Potremmo moltiplicare le citazioni, ma ne abbiamo radunate abbastanza per dimostrare alcune cose. Il paesaggio del *Gattopardo* è di volta in volta cornice cimiteriale; ricco fregio funerario; gabbia sensuale ove sensualità equivale a morte, a gesto che tanto piú consuma e vanifica la potenza quanto piú è violento e imponente; vita straziata dalla luce e dal vento; materia illuminata e luminosa che alberga e suggerisce la morte; forza invincibile e quindi dichiarazione dell'umana pochezza; sottolineatura di tenaci tremori e di fugaci gioie; inattingibilità tutta provocatoria ed espansa in rapinosi colori e odori; ricettacolo di umori quasi sempre marcescenti; concrezione di cultura pateticamente degradata e sbrecciata che può esprimersi in rovine di edifici, in nasi rotti di statue, in agonie di cacciagione, in cibi colti nel passaggio dalla loro lussuriosa, squillante, golosissima pastosità alla loro frantumazione, escavazione e deglutizione, e quindi nel loro momento agonico, nell'attimo in cui la vanità ne è dichiarata, tanto più lacerante quanto più poggiata su lente, millenarie, aristocratiche sapienza e civiltà, su notissime perché sempre presenti sofferenza, crudeltà, avidità, letizia umane; dilapidazione e sporcizia di strade; silenzio terrificante e dolcissimo, testimonianza anch'esso di morte. Insomma, è tutto ciò che la morte è e dice, esplicito o alluso, grigio o colorito: è onnipresenza, palese all'occhio non totalmente inerte, della morte signora di tutte le cose, unico consistente e diletto richiamo, unica verità sotto le deludenti, ingannevoli, pretestuose forme di vita. Il paesaggio è ciò che dice la Sicilia morta: la sua vitalistica violenza è infatti distruzione, paralisi sparsa sui viventi, impossibilità di qualsivoglia oggetto, senso o pensiero di vivere se non dell'attesa di morte.

Lampedusa non lo suggerisce né lo allude mai: lo proclama. In qualche modo, ci troviamo in presenza di un paesaggio didascalico e dimostrativo, che interviene nei momenti cruciali a sostenere e spiegare i gesti, ma più ancora dei gesti la vicenda intellettuale e spirituale dei personaggi (in primo luogo don Fabrizio). L'astratta acrimonia e la tensione mortuaria di don Fabrizio vogliono essere giustificate, si direbbe, dal teatro in cui si esercitano. Ma il teatro le giustifica solo in parte. C'è fra l'astrattezza di don Fabrizio e il paesaggio una fragilissima saldatura: in realtà

Fabrizio Salina sembra tutto e da sempre *contro* quel paesaggio; non ne nasce, per via via amarlo, patirne, opporvisi. Mentre è questo che con ogni verosimiglianza Lampedusa voleva. Don Fabrizio, nelle prime pagine del romanzo, si presenta come carne di una marcescente carne, spirito di un moribondo spirito; poi, quando piú si esprime, parla, agisce, si rivela estraneo, *altro* da quella carne e da quello spirito, *altro* da quella storia cui dovrebbe aderire e cui dice di aderire.

Ma, si dirà, è appunto questo il dramma, l'estraneità di don Fabrizio alla storia che vive e che lo ha fatto, all'ambiente in cui si muove. Il guaio è che questa estraneità non la vediamo originarsi e crescere con pena e contraddizione: è, seccamente, totalmente; non sembra una conquista, ma un appannaggio. La astrattezza di don Fabrizio (di Lampedusa) cerca ma non trova spiegazione e giustificazione nel concreto. Il concreto può essere fascinoso o banale, nuovo o manierato (spesso è banale e manierato), ma non entra nell'occhio del personaggio, non vive in lui e con lui. C'è, per quanto poco, piú divenire nel tormento astratto di don Fabrizio che nelle cose intorno: il suo tormento astratto, sia pur breve un percorso lo compie, dall'insofferenza per le cose e dall'ansia di morte alla morte. Il resto, mondo e storia, sono immobilità totale.

Il fascino *indipendente* del paesaggio del *Gattopardo* è d'altronde in questa immobilità totale, bisogna convenirne. Abbiamo visto come le singole pagine, le singole descrizioni appaiano spesso deboli a un'analisi appena un po' approfondita. Insieme resistono di piú: fanno un quadro statico, grasso, allucinato. Nella loro insistenza e monotonia riescono a dare quella immagine di una Sicilia rafferma, ipnotizzata dalla luce, senza passato e futuro, fuori della storia e del tempo. La danno in modo oberante e innaturale, con il frequente rischio di ottenere l'effetto opposto a quello che l'autore si propone: sempre un *tutto eccessivo*, un nero piú nero del nero, una luce piú luce della luce, una disperazione che ha smarrito la dimensione della speranza, un fasto strabocchevole. È proprio il segno, questo, di uno scrittore per vocazione astratto, che non può non essere totalitario anche quando si appunta sul concreto. Lampedusa non ci dà la Sicilia se non dopo averla semplificata e solidificata con il suo privato rancore. Ci dà, diremmo, una Sicilia piú vera che verosimile, o vera perché sua e poco verosimile.

Quanto all'amore, non è fra i sentimenti terreni uno di quelli che piú interessano Lampedusa. Non lo troviamo mai nel *Gattopardo* come stimolo e lievito dell'intelligenza; come passione costruttiva, feconda, arricchente anche se segnata dalla assurdità e dalla precarietà; come tragedia; come quell'accadimento che mobilita, lungo tutto il suo svolgersi, le energie dei protagonisti e li tende, li aiuta a vedere la realtà in modo diverso, a scoprirne dimensioni inconsuete. Si direbbe che Lampedusa non lo annoveri fra le cose salienti, determinanti della vita: senza assolutamente che ciò implichi una sua misoginia, piuttosto il solito scettico e difensivo disincanto. Non è attraverso l'amore che passa il destino dei personaggi, o se vi passa è perché l'amore è strumentalizzato, piú o meno coscientemente, al raggiungimento di certi fini.

Sotto questo aspetto, non si trova nel *Gattopardo* nessuna eco della grande letteratura ottocentesca: se il narratore ottocentesco, pur conoscendo l'effimero e l'ingannevole dell'amore, lo accetta come qualcosa di profondamente costruttivo o distruttivo, ne fa di volta in volta il solco che segna in profondità la vita dei personaggi, ne fa la loro luce o la loro tenebra, ciò che dilata o restringe, rende piú esatta o deforma la loro visione della realtà, Lampedusa riduce l'amore ai margini dell'esistenza, come un dato inessenziale e poco incisivo. L'amore nel *Gattopardo* può essere accensione dei sensi, inoperosa romanticheria, convenzione, calcolo. L'eternità dell'amore, lo dice l'autore stesso, dura pochi giorni. E sempre, quando l'amore nasce, propone clamorosamente la morte: è una delle avvisaglie della morte, anzi una delle facce con cui la morte si presenta. Tutto questo non esclude il desiderio, l'avidità, la gelosia, il rimpianto. Ma sono sentimenti che agiscono alla crosta, che non scavano a fondo, viziati dallo scetticismo che li snerva sul nascere. Diciamo che l'amore, per Lampedusa, si coglie unicamente nei due poli della sensualità e dell'affetto: il che val quanto dire che non esiste.

Se Lampedusa vede cosí l'amore, in una dimensione mondana, con totale disincanto, addirittura come qualcosa di strumentale, c'è da chiedersi perché vi abbia dedicato nel *Gattopardo* tante pagine, che risultano inessenziali e sono certamente tra le meno riuscite del libro; pagine che si potrebbero tranquillamente saltare senza danno per la lettura. Alludiamo al quarto capitolo, all'amoreggiare di Angelica e Tancredi. È un pezzo forzato, innaturale, retorico. Lampedusa gioca su note alte, tenta di trarre vibrazioni armoniose da uno strumento che non conosce, di rendere un'esaltazione che gli è estranea.

Del resto, qui e altrove, il personaggio di Angelica è nettamente anacronistico e di maniera. Serve alla macchina narrativa, ma certamente l'autore avrebbe potuto fargli fare una piú discreta ed episodica comparsa. Angelica è un figurino caramelloso, fintamente fresco e vitale, tutto risaputo nelle sue fattezze e nei suoi meccanismi. Ha addosso troppo colore, gestisce e parla in modo troppo ovvio. In breve, è una caricatura o una macchietta. Ciò non darebbe fastidio, visto appunto che si tratta di un personaggio strumentale che serve a sottolineare alcuni temi del racconto (il cinismo e la disponibilità delle giovani generazioni; il furbo egoismo; l'affacciarsi alla ribalta di un nuovo ceto di cui il padre di Angelica, Calogero Sedàra, è perfetto rappresentante; l'accettazione da parte del principe di questa ingrata realtà), se Lampedusa si fosse limitato a presentarcelo e ad evocarlo poi parsimoniosamente. Invece vi indugia, lo descrive con minuzia, lo fa muovere e gestire senza risparmio, se ne compiace.

Questa Angelica è già fastidiosa nel primo ritratto che Lampedusa ne dà:

> « Era alta e ben fatta, in base a generosi criteri; la carnagione sua doveva possedere il sapore della crema fresca alla quale rassomigliava, la bocca infantile quello delle fragole. Sotto la massa dei capelli color di notte avvolti in soavi ondulazioni, gli occhi verdi albeggiavano immoti come quelli delle statue e, com'essi, un po' crudeli. Procedeva lenta, facendo roteare intorno a sé l'ampia gonna bianca e recava nella persona la pacatezza, l'invincibilità della donna di sicura bellezza ».

Paghiamo l'immagine felice degli occhi verdi albeggianti con una serie di trite incontinenze verbali che tutte insieme compongono una figura goffa, volgare. E intendiamoci, non volgare secondo l'intento dell'autore (Lampedusa tiene a farci sapere che Angelica è una creatura volgare): questa volgarità emblematica avrebbe dovuto sortire dal personaggio autonomamente, il lettore avrebbe dovuto scoprirla mano a mano, non avrebbe dovuto essere cosí proclamata. Angelica è volgare come il linguaggio che la descrive. Non c'è che da scegliere: da *in base a generosi criteri*, ai *capelli color di notte*, alla carnagione e alla bocca rispettivamente *crema fresca* e *fragole*, agli occhi *immoti come quelli delle statue* (e per giunta *un po' crudeli*, qualità che agli occhi delle statue è arduo riconoscere). C'è poco di salvabile in questo brano: è un bel capitombolo stilistico. Angelica è inverosimile nel suo carnosissimo realismo, potrebbe andar bene per un manifesto pubblicitario per la vendita di lavande o di latticini. Lampedusa non se ne accorge, né dà segno di aver voluto questo effetto. E tira avanti imperterrito, sovrapponendo le pennellate « grasse », aggiungendo infortunio a infortunio. Angelica, che è stata portata dal padre a casa Salina, e che con l'apparenza che sopra abbiam vista, cremosa e fragolosa, ha lasciato tutti i presenti allocchiti, oltrepassa Tancredi:

« ... dinanzi alla poltrona della Principessa la sua groppa stupenda disegnò un lieve inchino ».

In questa « groppa stupenda » finalmente ravvisiamo un intento caricaturale, ma è troppo tardi e troppo poco. Quanto al principe:

« Vecchio cavallo da battaglia com'era, lo squillo della grazia femminile lo trovò pronto ed egli si rivolse alla ragazza con tutto il grazioso ossequio che avrebbe adoperato parlando alla Duchessa di Bovino o alla Principessa di Lampedusa ».

Travolti dalla animalesca bellezza di Angelica, i maschi presenti non ne avvertono i pure appariscenti difetti di classe, tranne Concetta, innamorata del cugino Tancredi, alla quale la gelosia dà vista abbastanza acuta.
Fatto il contratto di nozze fra Angelica e Tancredi, i due promessi trascorrono un bel po' di giorni in reciproche carezze amorose, in una vicendevole eccitazione dei sensi, in giochi erotici cui si presta complice il labirintico, misterioso, per metà disabitato palazzo di Donnafugata. È l'estate di San Martino, « la vera stagione di voluttà in Sicilia ». Il palazzo è tutto impregnato di « esaltata sensualità tanto piú acre quanto maggiormente rattenuta ». Era stato ottant'anni prima « un ritrovo per gli oscuri piaceri nei quali si era com-

piaciuto il Settecento agonizzante »; non manca nemmeno un appartamentino con fruste e strani oggetti, teatro evidentemente di piaceri sadici. La presenza di Angelica e di Tancredi fa rinvenire quelle larve, ridesta i diavoletti addormentati,

> « gli istinti rimpiattati nella casa; essi adesso si mostravano dappertutto, come formiche destate dal sole, disintossicati ma oltremodo vivaci. La architettura, la decorazione stessa rococò, con le loro curve impreviste evocavano anche distese e seni eretti; l'aprirsi di ogni portale frusciava come una cortina di alcova ».

Baci, abbracci, sdilinquimenti, bramosie represse, sospiri, interminabili vagabondaggi nelle stanze abbandonate, gesti che miracolosamente (grazie alla prospettiva delle nozze imminenti) riescono a fermarsi prima del soddisfacimento totale. Ma sarebbe ingeneroso indugiare su queste pagine stonate.
Angelica fa un'altra rilevante comparsa nel ballo a palazzo Ponteleone e anche lí suscita una scontata ammirazione, sveglia un'ovvia eccitazione sessuale nei maschi. Ormai però Lampedusa l'ha consumata, ha detto di lei ciò che doveva dire, la sua sostanziale rozzezza, il suo egoismo e cinismo non inferiori a quelli di Tancredi e di don Calogero Sedara (come Tancredi Angelica si sposa per convenienza). Gli rimane da esplicitare il contenuto funerario del personaggio. Tancredi e Angelica gli passano davanti, lui con il frac nero lei nella veste rosea:

> « Essi offrivano lo spettacolo patetico piú di ogni altro, quello di due giovanissimi innamorati che ballano insieme, ciechi ai difetti reciproci, sordi agli ammonimenti del destino, illusi che tutto il cammino della vita sarà liscio come il pavimento del salone, attori ignari cui un

regista fa recitare la parte di Giulietta e quella di Romeo nascondendo la cripta e il veleno, di già previsti nel copione. Né l'uno né l'altro erano buoni, ciascuno pieno di calcoli, gonfio di mire segrete; ma entrambi erano cari e commoventi, mentre le loro non limpide ma ingenue ambizioni erano obliterate dalle parole di giocosa tenerezza che lui le mormorava all'orecchio, dal profumo dei capelli di lei, dalla reciproca stretta di quei loro corpi destinati a morire ».

Don Fabrizio ha compassione per la loro « passeggera cecità ». Esseri effimeri « che cercavano di godere dell'esiguo raggio di luce accordato loro fra le due tenebre, prima della culla, dopo gli ultimi strattoni ». Impossibile infierire contro chi sicuramente dovrà morire. « Non era lecito odiare altro che l'eternità ». Con questa epigrafe che situa la vicenda d'amore di Angelica e Tancredi sotto il segno della morte, Lampedusa ritrova l'aria che gli è piú congeniale. Anche se, poco dopo, ballando con Angelica, gli pare di ringiovanire e si sente come quando nella stessa sala ballava con la moglie Stella, ignaro ancora di delusioni e di tedio. E per un attimo, ma un attimo solo, « quella notte, la morte fu di nuovo ai suoi occhi "roba per gli altri" ».

Angelica non riappare se non fugacemente. Sappiamo che la sua vita con il marito non è senza screzi e incomprensioni; sappiamo che tradisce Tancredi. Nell'ultimo capitolo fa una visita alla sorella Concetta, in vesti di disinvolta vedova che gestisce con ormai acquisita mondanità le glorie passate del coniuge. Sappiamo anche che, tre anni dopo, una malattia ancora latente la trasformerà in una larva.

Quella di Angelica e Tancredi è l'unica vicenda d'amore di qualche peso nel *Gattopardo*, e tutto sommato sarebbe stato meglio che Lampedusa ce l'avesse risparmiata. Per il resto, l'amore appare in rapidi accenni e in episodi insignificanti. Non offre nessun interesse l'amore di Concetta per Tancredi, con relativo sacrificio e acre coltivazione di memorie da parte della ragazza; meno ancora l'amore svenevole, romantico e non ricambiato che per la stessa Concetta nutre Cavriaghi, un nobile piemontese commilitone di Tancredi. Non rientra nel quadro dell'amore la visita del principe alla prostituta Mariannina, a Palermo. Siamo al puro sfogo dei sensi. La moglie, Stella, non soddisfa la sua vitalità: « Sono un uomo vigoroso ancora; e come fo ad accontentarmi di una donna che, a letto, si fa il segno della croce prima di ogni abbraccio, e che, dopo, nei momenti di maggiore emozione, non sa dire che: "Gesummaria!" ». Mariannina non è certo cosí: è umile, servizievole, giustamente sensuale, anche se non possono non suscitare tristezza nel principe « quella carne giovane troppo maneggiata, quella impudicizia rassegnata ».

Questo è tutto. Semmai, per aggiungere un tocco, possiamo tornare brevemente a palazzo Ponteleone. Il principe guarda di cattivo umore le femmine presenti, che tutte, vecchie e giovani, gli appaiono brutte, con pochissime eccezioni:

« ... in quegli anni la frequenza di matrimoni fra cugini, dettati dalla pigrizia sessuale e da calcoli terrieri, la scarsezza di proteine nell'alimentazione aggravata dall'abbondanza di amidacei, la mancanza totale di aria fresca e di movimento, avevano riempito i salotti di una turba di ragazzine incredibilmente basse, inverosimilmente olivastre, insopportabilmente ciangottanti ».

Le donne anziane non sono meglio. Due o tre, fra quelle che il principe nota,

« erano state sue amanti, e vedendole adesso appesantite dagli anni e dalle nuore, faticava a ricreare per sé l'immagine di loro quali erano venti anni fa, e si irritava pensando che aveva sciupato i propri anni migliori a inseguire (ed a raggiungere) simili sciattone ».

Siamo sempre nel banale. Tuttavia è facile leggere anche in queste righe, nella nausea per la sciatteria delle femmine, la polemica contro la Sicilia che percorre tutto il romanzo.

Come molti altri temi del *Gattopardo,* anche quello che riguarda la storia, il Risorgimento, l'avvicendamento dei ceti è ampiamente delineato nei primi capitoli. Già si affaccia nella descrizione di una visita del principe a re Ferdinando, nella reggia di Caserta dalla magnifica architettura e dal « mobilio stomachevole », « proprio come la monarchia borbonica », con l'anticamera nella quale si affollano « facce chiuse di sbirri, facce avide di questuanti raccomandati »; il ciambellano che accompagna Salina con « le piú fresche volgarità napoletane sulle labbra »; lo studio regale artificiosamente semplice » con le litografie devote da due soldi stridenti accanto a una Madonna di Andrea del Sarto; il re « con il suo faccione smorto tra le fedine biondicce, con quella giubba militare di ruvido panno da sotto la quale scaturiva la cateratta violacea dei pantaloni cascanti », con il suo misto di bigotteria, di benevolenza, di grintosità. Il principe si chiede uscendo chi è destinato a succedere a quella monarchia che reca i segni della morte sul volto: « Il Piemontese, il cosiddetto Galantuomo che faceva tanto chiasso nella sua piccola capitale fuor di mano? Non sarebbe stato lo stesso? Dialetto torinese invece che napoletano. E basta... Oppure la Repubblica di don Peppino Mazzini? "Grazie. Diventerei il signor Corbera" ».

Dissacrazione; difesa dei propri interessi; certezza che nulla può realmente mutare. Il tema diventa esplicito nel colloquio fra don Fabrizio e il nipote Tancredi, venuto a comunicargli la sua partenza per unirsi ai garibaldini:

> « Sei pazzo, figlio mio » esclama il principe « Andare a mettersi con quella gente. Sono tutti mafiosi e imbroglioni. Un Falconeri dev'essere con noi, per il re... ». Ribatte Tancredi: « Per il re, certo, ma per quale re?... Se non ci siamo anche noi quelli ti combinano la repubblica. Se vogliamo che tutto rimanga come è, bisogna che tutto cambi ».

La frase finale di Tancredi è probabilmente la piú nota del *Gattopardo* ed effettivamente riassume la filosofia della storia di Lampedusa: vanità della storia, vanità del mutamento; le cose cambiano alla superficie, non nella sostanza. Nelle pagine successive a quella che abbiamo citata, una serie di battute riprende e fissa definitivamente il tema:

> « Trattative punteggiate da schioppettate innocue, e, dopo, tutto sarà lo stesso mentre tutto sarà cambiato... Molte cose sarebbero avvenute, ma tutto sarebbe stato una commedia; una rumorosa, romantica commedia con qualche macchiolina di sangue sulla veste buffonesca... ».

Significativo il colloquio che si svolge fra il principe e l'amministratore Pietro Russo, « perfetta espressione di un ceto in ascesa », avido ma ossequioso e sinceramente affettuoso, « poiché compiva le proprie ruberie convinto di esercitare un diritto ». L'avidità e la disposizione al furto sono, secondo Lampedusa, inevitabili tratti di chi vuole ascendere. Russo, che partecipa al moto insurrezionale, non vuole distruggere i « padri », vuol solo prenderne il posto, con dolcezza, con buone maniere, mettendosi magari in tasca qualche migliaio di ducati. Niente di grave, in fondo, pensa il principe, purché tutto resti com'è: « ... soltanto una inavvertibile sostituzione di ceti ». I Salina rimarranno i Salina, nasconderanno le vecchie decorazioni borboniche e ne avranno di nuove sabaude. Quanto alla legittimità, qual è il sovrano che può dire di possederla pienamente? « Neppure Giove era legittimo re dell'Olimpo ».

Russo la pensa allo stesso modo, anzi è ottimista. Dopo qualche turbamento ci saranno libertà, sicurezza, tasse piú leggere; fiorirà il commercio; gli uomini onesti e abili potranno farsi avanti. Gli unici a rimetterci saranno i preti. Quanto a villa Salina, sarà sicura come una rocca: « I Piemontesi entreranno solo col cappello in mano per riverire le Eccellenze Vostre ». I preti, tirati in ballo da Russo, non la pigliano invece bene. Padre Pirrone si sfoga col principe. Chi sfamerà le moltitudini infelici dopo che, messisi i signori d'accordo con liberali e massoni, i caporioni piú impudenti si saranno arraffati i beni ecclesiastici? Ma il principe ha pronta la risposta: alla Chiesa è stata promessa l'immortalità,

« a noi, in quanto classe sociale, no. Per noi un palliativo che promette di durare cento anni equivale all'eternità... al di là di quanto possiamo sperare di accarezzare con queste mani non abbiamo obblighi... ».

La Chiesa deve curarsi del futuro, perché è destinata a non morire:

« Nella sua disperazione è implicito il conforto. E credete voi che se potesse adesso o se potrà in futuro salvare se stessa con il nostro sacrificio non lo farebbe? Certo che lo farebbe, e farebbe bene ».

Dall'alto del suo osservatorio di astronomia al principe sembrano ben poca cosa le vicende mondane:

« Il problema vero è di poter continuare a vivere questa vita dello spirito nei suoi momenti piú sublimati, piú simili alla morte ».

Tranquillizzato dalle proprie riflessioni, dal colloquio con Tancredi, con Russo, con padre Pirrone, il principe è in grado di guardare anche gli avvenimenti che paiono preoccupanti con distacco. Quando legge nel giornale dello sbarco di Garibaldi, non si impressiona soverchiamente:

« Quell'avventuriero tutto capelli e barba era un mazziniano puro. Avrebbe combinato dei guai. "Ma se il Galantuomo lo ha fatto venire quaggiú, vuol dire che è sicuro di lui. Lo imbriglieranno" ».

Poi, mentre aspetta i famigliari per la recita del rosario, nota come il Vulcano dipinto sul soffitto rassomigli un po' « alle litografie di Garibaldi che aveva visto a Torino. Sorrise. "Un cornuto" ».

Garibaldi riappare, evocato dal colonnello Pallavicino, nel capitolo del ballo a palazzo Ponteleone. Pallavicino racconta alle dame estasiate e poi al principe come si è svolto il fatto di Aspromonte.

« Se non avessi fatto sparare, quella gente avrebbe fatto polpette dei miei soldati e di me: e il guaio non sarebbe stato grande. Ma avrebbe finito anche col provocare l'intervento francese e quello austriaco, un putiferio senza precedenti, nel quale sarebbe crollato questo Regno d'Italia che si è formato miracolosamente, vale a dire non si capisce come. E glielo dico in confidenza: la mia brevissima sparatoria ha giovato soprattutto... a Garibaldi, lo ha liberato da quella congrega che gli si era attaccata addosso... »

Infatti Garibaldi, quando Pallavicino gli si inginocchia accanto e gli bacia la mano (baciando in essa la « salvezza del Regno »), lo ringrazia. Furenti sono invece i garibaldini, vedendosi sfuggire di mano quella « personalità infantile ma grande », la sola in grado di coprire « le oscure mene di tanti fra essi ».
Insomma, dopo le smargiassate e le avventure, tutto ritorna nell'ordine.
Naturalmente, l'accettazione della realtà da parte di don Fabrizio non è senza qualche patimento e qualche rospo da ingoiare. Poiché vede chiaro, il principe seconda, per quanto possibile, gli avvenimenti: favorisce il matrimonio di Tancredi con Angelica, la figlia dell'arricchito Calogero Sedàra, e arriva persino ad abbracciare costui; vota sí al plebiscito per l'annessione. Il tutto però masticando amaro:

« Bande, mortaretti, campane, *zingarelle* e *Te Deum* all'arrivo, va bene: ma dopo! La rivoluzione borghese che saliva le scale nel *frac* di don Calogero, la bellezza di Angelica che poneva in ombra la grazia contegnosa della sua Concetta, Tancredi che precipitava: tempi dell'evoluzione prevista e cui anzi l'infatuazione sensuale dava modo di infiorare i motivi realistici; gli scrupoli e gli equivoci del Plebiscito; le mille astuzie alle quali doveva piegarsi lui, lui il Gattopardo, che per anni aveva spazzato via le difficoltà con un rovescio della zampa ».

Chiedere per Tancredi la mano di Angelica è forse per il principe lo sforzo maggiore:

« Postosi sulla via del rimpianto del passato, nei momenti di peggior malumore si spingeva assai lontano giú per questa china pericolosa: una volta, mentre inzuccherava la tazza di tè tesagli da Angelica, si accorse che stava invidiando la possibilità di quei tali Fabrizi Salina e Tancredi Falconeri di tre secoli prima, che si sarebbero cavati la voglia di andare a letto con le Angeliche dei loro tempi senza dover passare davanti al parroco, noncuranti delle doti delle villane (che del resto non esistevano) e scaricati della necessità di costringere i loro rispettabili zii a danzar fra le uova per dire o tacere le cose appropriate ».

Ma son momenti in cui le viscere si agitano; la ragione prevale sempre. Il principe consiglia infatti a tutti coloro che lo interpellano di votare sí al plebiscito. Anche lui va a votare, senza coccarda sul cappello, vestito della stessa redingote nera

« con la quale due anni fa si era recato a ossequiare a Caserta quel povero re Ferdinando che, per fortuna sua, era morto a tempo per non esser presente in questa giornata flagellata da un vento impuro, durante la quale si poneva il suggello alla sua insipienza. Ma era poi stata insipienza davvero? Allora tanto valeva dire che chi soccombe al tifo muore per insipienza. Ricordò quel re affaccendato ad apporre argini al dilagare delle cartacce inutili: e a un tratto si avvide quanto inconscio appello alla misericordia si fosse manifestato in quel volto antipatico ».

Il plebiscito, grazie alle sfrontate falsificazioni del sindaco Sedàra, dà tutti sí. Eppure qualcuno che ha votato no, per gratitudine verso la passata monarchia da cui ha avuto benefici o per altra ragione, c'è: per esempio, don Ciccio Tumeo, l'organista della cattedrale, compagno di cacce di don Fabrizio. Ascoltando le accorate recriminazioni di Tumeo, don Fabrizio capisce che qualcosa di grave è accaduto: «... adesso sapeva chi era stato ucciso a Donnafugata... la buonafede». Centomila no nel regno non avrebbero fatto danno, anzi avrebbero reso piú significativo il risultato, senza storpiare le anime.

> « Sei mesi fa si udiva la dura voce dispotica che diceva: "Fai come dico io, o saranno botte". Adesso si aveva di già l'impressione che la minaccia venisse sostituita dalle parole molli dell'usuraio: "Ma se hai firmato tu stesso. Non lo vedi? È tanto chiaro. Devi fare come diciamo noi, perché, guarda la cambiale: la tua volontà è uguale alla mia" ».

Don Fabrizio si chiede se per caso Tumeo non si sia comportato piú signorilmente del principe di Salina.

> « E i Sedàra, tutti questi Sedàra, da quello minuscolo che violentava l'aritmetica a Donnafugata, a quelli maggiori a Palermo, a Torino, non avevano forse commesso un delitto strozzando queste coscienze? Don Fabrizio non poteva saperlo allora, ma una buona parte della neghittosità, dell'acquiescenza per le quali durante i decenni seguenti si doveva vituperare la gente del Mezzogiorno, ebbe la propria origine nello stupido annullamento della prima espressione di libertà che a questi si fosse mai presentata ».

La piú chiara enunciazione della sua filosofia della storia, Lampedusa ce la dà nel colloquio tra il principe e il cavaliere Chevalley di Monterzuolo. Ovviamente, don Fabrizio rifiuta l'offerta del seggio al

Senato, quel consesso che a detta del piemontese
« funziona nello stesso tempo da sprone e da redina ». Adesione sí, dice il principe, partecipazione no.

« Da quando il vostro Garibaldi ha posto piede a Marsala, troppe cose sono state fatte senza consultarci perché adesso si possa chiedere a un membro della vecchia classe dirigente di svilupparle e portarle a compimento ».

L'accaduto può essere male o bene, ma in terra di Sicilia

« non importa far male o bene: il peccato che noi siciliani non perdoniamo mai è semplicemente quello di "fare". Siamo vecchi, Chevalley, vecchissimi ».

Da venticinque secoli i siciliani portano sulle spalle il peso di civiltà tutte estranee, da venticinque secoli sono colonia.

« Il sonno... è ciò che i siciliani vogliono, ed essi odieranno sempre chi li vorrà svegliare, sia pure per portar loro i piú bei regali... Tutte le manifestazioni siciliane sono manifestazioni oniriche, anche le piú violenti: la nostra sensualità è desiderio di oblio, le schioppettate e le coltellate nostre, desiderio di morte... le novità ci attraggono soltanto quando sono defunte, incapaci di dar luogo a correnti vitali... ».

L'ambiente, il clima, il paesaggio siciliano sono, forse piú delle innovazioni e delle violenze subite, le forze che hanno formato l'animo: sole, arsura quasi perenne, interrotta ogni tanto da piogge rapinose.

« Questa violenza del paesaggio, questa crudeltà del clima, questa tensione continua di ogni

> aspetto, questi monumenti, anche, del passato, magnifici ma incomprensibili perché non edificati da noi e che ci stanno intorno come bellissimi fantasmi muti; tutti questi governi, sbarcati in armi da chissà dove, subito serviti, presto detestati, e sempre incompresi, che si sono espressi soltanto con opere d'arte per noi enigmatiche e con concretissimi esattori d'imposte spese poi altrove: tutte queste cose hanno formato il carattere nostro, che cosí rimane condizionato da fatalità esteriori oltre che da una terrificante insularità d'animo ».

Che se ne farebbe, il Senato, d'un uomo privo di illusioni, privo della facoltà di ingannare se stesso, che è requisito essenziale per chi voglia guidare gli altri? Si faccia senatore, piuttosto, Calogero Sedàra: se non ha meriti scientifici, ne ha di pratici; se non ha illusioni, sa almeno crearsele quando occorra.

Chevalley cerca di obiettare, dapprima con calore, via via piú fiaccamente; non avendo « la impenetrabilità meridionale agli affanni altrui », non può infatti non capire le ragioni del principe. I siciliani, dice, vorranno migliorare, e non deve venir loro meno l'aiuto degli uomini migliori. Ma il principe ribatte:

> « ... I siciliani non vorranno mai migliorare per la semplice ragione che credono di essere perfetti; la loro vanità è piú forte della miseria... ».

Non è vero che la colpa del cattivo stato di cose in Sicilia sia del feudalesimo, come hanno scritto Proudhon e Marx (« un ebreuccio tedesco del quale non ricordo il nome »). Il feudalesimo c'è stato ovunque e i risultati son stati diversissimi. La colpa è nel senso di superiorità dei siciliani, ch'essi chiamano fierezza e che è cecità.

Potremmo prenderci il gusto di smontare questo discorso, evidenziandone la limitatezza, la parzialità, l'inesattezza, l'ovvietà sotto l'apparente acutezza. A questa immagine della Sicilia addormentata in un guscio di impenetrabile orgoglio contrapporre quella di una Sicilia anche troppo, benché spessissimo negativamente, operosa; una Sicilia che vorrebbe bruciare le tappe che le restano da percorrere per entrare a far parte della società del benessere, e che nell'ansia di accelerare i tempi distrugge il proprio patrimonio culturale, scimmiotta quando potrebbe creare; che nel proprio soverchiante desiderio di appartenenza cerca di adeguarsi o addirittura di mimetizzarsi mentre potrebbe distinguersi. Alla Sicilia vanitosa potremmo contrapporre una Sicilia invidiosa. Davvero, la diagnosi e la sentenza di Lampedusa, che riguardano oltre che il presente il futuro, appaiono ingenue, niente piú che un amaro e insieme compiaciuto sfogo.

Visto sotto il profilo del separatismo e dell'antiseparatismo, il discorso di Lampedusa appare equivoco. Possiamo tranquillamente sostenere che sono separatisti i discorsi di Verga, di De Roberto e persino di Pirandello: la loro polemica, laddove polemica c'è, è contro l'aggressione al patrimonio siciliano e contro la sua dilapidazione; la loro Sicilia è una terra offesa, dall'esterno e dall'interno, nei propri valori, nella propria anima. Lampedusa sembra negare che la Sicilia possegga un patrimonio di valori positivi: quanto all'anima siciliana, è la risultante di una violenza i cui inizi si perdono nella notte dei tempi, quindi di una violenza eterna; è un'anima da sempre serva; e da sempre il sole brucia e dilania di luce l'isola, avviluppandola in un velo funerario. Da una parte c'è dunque una unicità della Sicilia, una inarrendevole peculiarità (la vocazione della Sicilia è di servir da « pascolo agli armenti del sole ») che non è tuttavia attiva, bensí tutta passiva, e c'è di conseguenza la implicita ammissione della inevitabilità dell'aggressione dall'esterno. Vien fuori dalle pagine di Lampedusa la immagine di una Sicilia fatalmente terra di conquista. Però c'è anche il rancore verso i conquistatori e c'è l'irrisione della loro pretesa di poter agire sulla irredimibile e servile passività isolana (giacché nessuno è piú irriducibile e imprendibile di un servo tale da sempre); c'è insieme la rabbia contro quella passività e imprendibilità, contro l'incapacità della Sicilia di darsi un ruolo attivo. Lampedusa oscilla insomma fra l'auspicio di una ancora piú compatta indipendenza della Sicilia, di una sua totalmente incontaminata singolarità, e l'auspicio di una Sicilia che entri a far parte del resto del mondo, sostenendo un ruolo attivo. Su tutto questo aleggia però il suo cosmico pessimismo, che gli fa proclamare che il resto del mondo non è migliore. Insomma la Sicilia gli si configura come un male che resiste a un altro male, come negativo non penetrabile da altro negativo; alla fine, quasi soltanto come una piú tangibile ed esemplare manifestazione della morte onnipresente. Le ragioni del cuore e della mente si intrecciano inestricabilmente: le viscere di Lampedusa sono sicilianissime, separatiste, fataliste (molto piú che aristocratiche); la sua mente è cosmopolita, integrazionista, attivista e moralista. Il tutto produce un discorso politico che supremamente irrita gli ideologi, perché, mentre contiene elementi validissimi e incontrastabili (ancorché misti a molte inesattezze) sul piano dell'interpretazione e della diagnosi, è tutto contraddittorio, confuso e ambiguo sul piano della proposta. Anzi, la proposta, nella sua ambiguità, rimane implicita e accennata, non prende forma definitiva. Sotto questo profilo, sarebbe difficile considerare Lampedusa come un prosecutore del discorso verghiano e derobertiano, ma altrettanto difficile considerarlo portatore di un nuovo illuminante modo di intendere la sicilianità, autore di una convinta proposta integrazionista.

Lampedusa non riesce insomma ad essere né separatista né integrazionista. La Sicilia che esce fuori dalle sue descrizioni, persino dal discorso storico e risorgimentale, è senza dubbio vernacola e i siciliani – nelle qualità negative che sono poi le sole che l'autore mostra di riconoscere loro – appaiono diversi, senza speranza di non esserlo, da tutto il resto dell'umanità. Al tempo stesso però, il male che la Sicilia alberga è, per il cosmopolita e moralista Lampedusa, il male senza scampo del mondo. La Sicilia è dunque di volta in volta eccezione e simbolo. E se è vero che talvolta secondo Lampedusa (per dirla con Bassani) siamo tutti siciliani, almeno altrettanto spesso i siciliani sono altro da noi; se qualche volta Lampedusa li vorrebbe come noi, piú positivi e meno ammalati, altre volte è come se li considerasse contagiati da una nostra malattia e auspicasse un loro maggiore isolamento difensivo; se a volte se la prende con le violenze che hanno ucciso l'anima attiva della Sicilia, altre volte sembra pensare che solo una ancora piú decisa uccisione della sicilianità darebbe alla Sicilia la salvezza. Di conseguenza il libro di Lampedusa non è né un poema siciliano né un poema nazionale: semmai è un poema spirituale (elegiaco nel tono). Ove, naturalmente, non ci si lasci distrarre da quello che è soltanto un dato esterno, la lingua, che mostra solo poche, e anche quelle combattute, inflessioni dialettali.

Lampedusa ha usato la Sicilia come un pretesto, ne ha fatto la terra su cui accampare il proprio pessimismo. Il mito di una Sicilia addormentata, orgogliosa, immobile, impenetrabile, refrattaria; del paesaggio condizionante; della spietatezza delle stagioni intense, senza sfumature, senza scampo; di una Sicilia da sempre colonizzata, rapinata, indotta a sviluppare una difensiva quanto sterile sottigliezza bizantina unitamente a indifferenza nei confronti dei colonizzatori; di una popolazione sicula estranea, indifferente, fin ostile alla propria storia (si direbbe vaccinata contro la storia, contro ogni aggressione o sorpresa che la storia comporti); di una Sicilia in cui la morte e la vita non si distinguono, perché sono entrambe nella luce solare che accende e scarnifica, nel vento che fa vibrare e ottunde; di una Sicilia che coltiva il silenzio, fino il silenzio piú assurdo, perché non ha piú fede nella parola, perlomeno nella parola che non sia urlío di dolore o di speciosa festa; di una Sicilia che deifica se stessa per riscattare la propria perenne umiliazione: tutto questo, morte nella vita, nero nella luce, silenzio nell'urlío, scetticismo nella devozione, indifferenza al bello nella splendida monumentalità, indipendentismo nella perenne dipendenza, orgoglio nell'umiliazione, lo troviamo in diverse proporzioni e con diverse accentuazioni in tutti gli scrittori siciliani che contano qualcosa.

Lampedusa ha assunto questa immagine e l'ha usata, allo stesso modo in cui ha usato altri scontatissimi dati come la depredazione della Sicilia da parte dei piemontesi, la sostituzione dell'usura e ipocrisia piemontesi alla brutalità borbonica. Questo scenario non è suo, come non è sua l'estrema, paradossale semplificazione della storia siciliana e, in particolare, l'interpretazione del risorgimento siciliano in sé e nei suoi agganci con quello italiano.

Non è qui la sede per approfondire questa discussione: è fuor di dubbio comunque che il risorgimento siciliano non può riassumersi nella disincantata accettazione dell'aristocratico Salina, nel cinismo fascinoso e repellente al tempo stesso dell'altro aristocratico Tancredi, nella volgare scaltrezza profittatoria di Sedàra, nello sfacelo della dinastia borbonica, nell'ingenua follia del « cornuto » Garibaldi, nelle mire espansionistiche di Vittorio Emanuele, nell'inerzia irredimibile e nella brama di morte dei siciliani in genere. C'è sicuramente molto di piú: c'è qualcosa che Lampedusa avrebbe potuto apprendere da Marx, se lo avesse letto con un minimo d'attenzione (o forse semplicemente letto); ci sono radici intricate e profonde nel passato economico, nella storia sociale e politica dell'isola; e ci sono speranze, oneste illusioni e disillusioni, complicati interessi italiani ed europei; c'è *ansia di partecipazione* (che Lampedusa rifiuta di vedere o di prendere in considerazione) nelle élites siciliane; convivenza di ignoranza e di raffinata cultura; rapina da parte dei piemontesi ma anche, in molti di loro, sincero idealismo e generosa volontà di riscatto. Insomma, un groviglio nel quale Lampedusa non si addentra: lo taglia, rabbiosamente, per liberare l'immagine nascosta che per lui è la vera. Vera per lui, occorre sottolinearlo, perché rappresenta lo scenario ideale al dramma di don Fabrizio, che è Lampedusa stesso. Nell'estrema semplificazione che Lampedusa opera della sicilianità e della problematica dell'isola si avverte qualcosa di isterico.

Certo, in quell'immagine semplificatoria c'è molto di vero. La Sicilia è *anche* ciò che Lampedusa ne ha detto. C'è il sonno (difensivo, nevrotico, da frustrazione), c'è la presenza assillante della morte, c'è la luce dilapidatoria, c'è il nero, c'è il vento divorante, c'è la fissità implacabile delle stagioni, c'è l'orgoglio consolatorio, c'è il putridume. Ma insieme ad altro: brama di vita sgangherata per eccesso di intensità e avvertenza acutissima della precarietà, ansia di integrazione e partecipazione, attivismo storicistico. In breve, c'è tutto ciò che troviamo altrove, entro il perimetro della società dei consumi. E sarebbe davvero arduo dire che questa, che identifica l'affinità, la parentela, è la crosta e che la Sicilia vera è l'altra, quella che fa rabbrividire Chevalley, quella dei monti allucinanti, scabri, massacrati dal vento intorno a Donnafugata, che accolgono con rapinoso silenzio don Ciccio Tumeo e don Fabrizio Salina.

Questa faziosità nevrotica di Lampedusa, questa sua estrema semplificazione della Sicilia e, attraverso la storia sicula, della storia tutta, fino alla negazione della storia intesa come progresso, ha irritato, dicevamo, molti critici, soprattutto quelli in possesso di un'ideologia attiva e attivistica, convinti della propria e altrui possibilità (e del dovere) di contribuire, appunto, alla storia-progresso, a cambiare il mondo. Altrettanto, dobbiam dirlo, isterici e ancor meno obiettivi di Lampedusa nel loro rifiutare la dimensione farsesca, burattinesca della storia.

Costoro non mancano di giustificazioni, se si tien presente l'ambiguità di Lampedusa. Purtroppo, hanno scambiato una favola metafisica per una pagina storiografica e il loro giudizio è di conseguenza inaccettabile. Non si sono occupati del *Gattopardo*, ma di qualcos'altro. È un equivoco in cui moltissimi, quasi tutti, son caduti, in perfetta buona fede, lasciandosi irretire e trascinare da Lampedusa stesso, dalle sue dichiarazioni testimoniate da parenti e amici di voler scrivere un romanzo storico, dall'architettura, dalla trama, dall'argomento del libro.

Hanno altrettanto torto tuttavia altri critici, non portatori di ideologie attivistiche, che pure accettano di situare *Il Gattopardo* nell'ambito del romanzo storico, aderiscono alla filosofia della storia di Lampedusa, condividono ed esaltano la sua interpretazione delle vicende risorgimentali siciliane e italiane, ravvisano nella negazione della storia e del progresso una lucida intuizione, e non solo una testimonianza dello smarrimento e della delusione dell'uomo contemporaneo dopo il fallimento della Resistenza, della sua sfiducia verso i valori predicati dalla tradizione, della sua consapevolezza di impotenza.

Decidiamoci a dirlo senza mezzi termini: la Sicilia di Lampedusa è seducente, ma falsa, perché incompletissima; la filosofia della storia di Lampedusa è ingenua, faziosa, errata da ogni punto di vista. Lampedusa è pessimo storico, mediocre ideologo e difetta degli strumenti piú elementari per penetrare sotto questo aspetto la realtà, per capire le vicende umane. I suoi discorsi sul carattere dei siciliani e sui fattori che lo hanno prodotto sono sconcertanti, un miscuglio del peggiore determinismo e positivismo annacquati da uno psicologismo mal digerito. Il suo ritratto degli aristocratici è divertente, ma irreale: don Fabrizio, se per un attimo lo consideriamo come un personaggio staccato dall'autore, nel suo rapporto col mondo in cui vive, ci appare anacronistico e inverosimile.

Non c'è, diciamolo chiaro, scrittore siciliano di qualche rilievo che non abbia dato della Sicilia e della società siciliana un'immagine piú coerente, veritiera, convincente di Lampedusa: Verga, De Roberto, Pirandello, Brancati, tutti costoro, sotto questo profilo, battono Lampedusa di parecchie lunghezze. A paragone delle immagini della Sicilia da essi delineate, quella di Lampedusa appare una congerie di luoghi comuni.

Pure, il libro di Lampedusa è un bel libro, un libro poetico, per certi aspetti superiore a *I Vicerè*, superiore a molte cose di Pirandello, degno di stare accanto ai racconti di Brancati.

Come è potuta nascere la poesia da un simile stravolgimento, da una simile distorcente semplificazione della realtà? Perché e come è poeta Lampedusa?

Dovremo, per rispondere a questa domanda, rinunciare totalmente a considerarlo autore di un « romanzo storico », dirci a tutte lettere che nel *Gattopardo* la storia è solo strumentalizzata, di volta in volta scenario o provocazione.

Ma prima converrà accennare a due capitoli sui quali sono molto discordi i pareri dei critici: il quinto, che contiene la visita di padre Pirrone al paese natale, e l'ultimo, in cui compaiono da protagoniste le tre figlie di don Fabrizio, ridotte a bigotte e acrimoniose coltivatrici di memorie.

A nostro avviso il primo dei due capitoli citati non è affatto necessario all'economia del romanzo, né ci sembra proprio il caso di parlare, come ha fatto Bassani, di « discesa agli Inferi ». Non si riesce a capire che cosa si proponesse Lampedusa (è ben vero ch'egli era tutt'altro che convinto dell'opportunità di inserire nel libro queste pagine). Forse pensava di fare di padre Pirrone un personaggio piú attivo e significativo, di arricchire l'immagine della Sicilia e i ritratti degli altri personaggi usando la prospettiva di padre Pirrone, guardando le cose con i suoi occhi. Padre Pirrone è un'anima semplice e popolana, cui la frequentazione di un certo ambiente ha dato saggezza mondana e capacità di comprendere senza giudicarli fenomeni apparentemente abnormi. La filosofia di padre Pirrone sembra potersi riassumere in un « alla fine, poveri e ricchi, siam tutti pari ». Il fatto è che il personaggio è nato sotto un segno troppo preciso e vincolante, sotto il segno della passività, o è fornito di quel tanto di reattività che a malapena gli consente d'essere elemento del coro, piú che altro pretesto per alcuni discorsi, sfoghi, riflessioni di don Fabrizio.

Non c'è nulla di nuovo o stimolante nell'ambiente che visitiamo insieme a padre Pirrone: siamo al *cliché* piú scontato della Sicilia, in mezzo a poveri rassegnati, egoisti, vanamente rissosi. Però ci imbattiamo in alcuni brani nei quali Lampedusa dice piú esplicitamente che altrove la sua concezione dell'aristocrazia. Son qui per caso e per caso sono stati messi in bocca a padre Pirrone, che spiega a un compaesano, il vecchio erborista don Pietrino, come vivono, come la pensano, che cosa sono insomma i « signori ». Essi « vivono in un universo particolare che è stato creato non direttamente da Dio ma da loro stessi durante secoli di esperienze specialissime, di affanni e di gioie loro... ». È in virtú della memoria collettiva che posseggono che i signori si turbano o rallegrano di cose di cui ai poveri non importa nulla. Essi « vivono di cose già manipolate ». Non è che siano cattivi, sono « differenti ». Se appaiono strani è forse perché « hanno raggiunto una tappa verso la quale tutti coloro che non sono santi camminano, quella della noncuranza dei beni terreni mediante l'assuefazione ». Comunque, fanno del bene: ospitano, nutrono, si lasciano persino derubare. Non per ostentazione, ma per una sorta di istinto atavico. Sono meno egoisti di tanti altri. La loro magnificenza è un po' come quella della Chiesa, *ad maiorem gentis gloriam*. Don Fabrizio per esempio ha protetto ed educato il nipote Tancredi. Lo ha fatto perché anche Tancredi era un signore? D'accordo. Ma che farci se a uno come don Fabrizio gli *altri* sembrano « tutti esemplari mal riusciti... »? Il disprezzo è un vizio universale, nessuno ne è immune: ci son solo gli zappatori, gli umili fra gli umili, ad essere disprezzati da loro stessi. Inoltre i signori hanno pudore: appartengono loro l'ira e la beffa, non l'elegia e la querimonia. E non sono sostituibili: sono sopravvissuti alla rivoluzione francese e « sono lí come prima, perché non sono i latifondi e i diritti feudali a fare il nobile, ma le differenze ». Se questa classe dovesse scomparire « se ne costituirebbe subito un'altra equivalente, con gli stessi pregi e gli stessi difetti: non sarebbe piú basata sul sangue forse, ma che so io... sull'anzianità di presenza in un luogo, o su pretesa miglior conoscenza di qualche testo presunto sacro ».

Con questo predicozzo, che termina con una puntata polemica contro tutte le ideologie liberatorie (dal cattolicesimo al marxismo) e contro tutte le utopie perfezionistiche, Lampedusa non ha l'aria di voler difendere l'aristocrazia, giustificarne la presenza, riconoscerle un ruolo positivo. Siamo di fronte all'ennesima testimonianza della sua radicale sfiducia nel progresso, inteso non come fisiologico sviluppo, ma come miglioramento. Badando ai significati e ai valori ultimi dell'esistenza, tenendo presenti i due poli della nascita e della morte, Lampedusa ha ragione: che importa che l'aristocrazia sia di latifondisti, di industriali, di preti, di funzionari di partito, di operai? Però, ed è il rovescio della medaglia, un atteggiamento simile, se lo si pensasse per un attimo diffuso, dominante, equivarrebbe a un congelamento totale del mondo. Se il '700 e l'800 ci avessero dato solo dei Lampedusa anziché degli ottimisti visionari, molti di noi starebbero ancora a grattare con le unghie il carbone nelle miniere. Quello che Lampedusa non fa, è il discorso del privilegio, forse perché la sua mondana saggezza (non la sua cultura, perché questo sarebbe rivolgere una volgare e gratuita accusa alla sua intelligenza e servirsi di schemi deterministici) gli suggerisce che il privilegio, appunto, è inessenziale, indifferente e incancellabile perché riproducentesi sotto forme diverse. Sta a vedere tuttavia se proprio la tensione sociale per cui le classi o i gruppi lottano per assumere un ruolo d'élite, cioè per esercitare il privilegio, non sia positivo nel senso (ed entro i limiti) che produce una estensione della fruibilità dei beni a un piú vasto universo di uomini. È inutile approfondire questo tema: ma le conquiste della borghesia e quelle del proletariato non sono state soltanto per la borghesia e per il proletariato. Certo, è l'utopia che muove le cose; è la fede messianica in un universo dal quale il privilegio sia assente che sposta i confini del privilegio, provoca magari un esclusivismo maggiore, un arroccamento da parte di taluni ceti sociali, l'invenzione di nuovi, piú gentili o brutali, sottili o stupidi, modi di esercitare il privilegio, l'affermarsi di nuove élites privilegiate, ma anche una piú ampia, diffusa fruibilità dei beni della vita. Per questa piú ampia fruibilità gli uomini pagano un prezzo, magari alto. Lampedusa non ci dice se, a suo avviso, un ipotetico congelarsi della situazione, la rinuncia all'utopistica lotta per « migliorare il mondo » (giacché le cose sostanzialmente non cambiano) significherebbe pagare un prezzo minore. Non si tratta di felicità e infelicità: perché, se la mettiamo in questi termini, Lampedusa ha ragione Si tratta di prezzo piú o meno alto, visto che un prezzo si deve comunque pagare, per la storia e per la non storia, per il movimento e per la stasi. E ciò indipendentemente dal fatto che il diavolo, come dice padre Pirrone, si rigiri intorno al mignolo allo stesso modo i ricchi e i poveri.

La verità è che Lampedusa è un moralista, un inguaribile e intollerante pedagogo, un uomo offeso dallo spettacolo del mondo, un assetato di giustizia e d'amore. Il suo discorso pessimista, negatore, immobilista è l'espressione polemica della sua frustrazione, l'acre risentimento del moralista deluso. A Lampedusa non piace il mondo, perché il mondo rifiuta d'essere quel che lui vorrebbe. Ai moralisti di questa fatta accade abbastanza regolarmente di calunniare l'amico e di lodare il nemico. Lampedusa non ama, anzi detesta sommamente l'aristocrazia: se la difende, dietro lo schermo della sua totalitaria attesa della morte, è solo perché *non ha fiducia in chi dovrebbe sostituire l'aristocrazia*. Contro coloro nei cui confronti ha riposto aspettative, Lampedusa infierisce (con la negazione, con il disprezzo). Il segno di Lampedusa è l'astratto furore. Non è un paragone, quello che ci apprestiamo a fare, ma solo un riferimento per rendere il discorso piú chiaro: anche Céline, con la sua incomparabilmente superiore carica umana e poetica, infieriva contro chi gli rimescolava le viscere di amore e pietà, contro chi potendo essere grande era piccolo; anche Céline vedeva annegato in un irredimibile sterco il mondo troppo amato, il mondo che rifiutava d'essere ciò che la sua struggente moralità avrebbe voluto. E Céline era, come Lampedusa, fornito di ironia, di sarcasmo, di senso del comico, ma non di umorismo.

Il moralista è un perfezionista, destinato il piú delle volte ad essere deluso e a soffrire; l'ironia, la cattiveria, la negazione, l'antistoricismo, il ricorso alla morte come approdo e totale certezza, il rancore persino contro l'eternità che diminuirebbe la perentorietà e verità della morte, sono la sua difesa e le furie vendicative ch'egli volge contro *i deludenti* (deludenti essendo la terra, gli uomini, le idee, gli istituti). Per solito il moralista è cattivo pragmatista e cattivo rivoluzionario: non accetta gli uomini con la loro pochezza, non accetta la loro infedeltà alla misura ch'egli loro assegna, né la lentezza, la tortuosità, il compromesso. Il moralista non aspetta e non sa cogliere le circostanze, i momenti favorevoli, perché ciò supporrebbe accettazione non astratta, ma concreta della necessità del compromesso, della infinita catena di compromessi di cui è fatta la storia, della inevitabilità del perseguire una meta risaputa inattingibile, della funzione positiva dell'utopia. Il moralista non sa considerare, come invece il pragmatista, l'utopia motore di tutto: ma motore che per operare ha bisogno di una cinghia di trasmissione, cioè dell'accettazione concreta e senza riserve della pochezza del mondo. Non che il moralista non veda il mondo com'è: un moralista come Lampedusa, intelligente, lo vede benissimo. Cosí bene che si accorge di non potervi agire piú che tanto, di non poterlo cambiare radicalmente (cambiarlo solo un poco riesce inaccettabile al suo totalitario amore).

Insomma, l'eccesso di speranza e il totalitarismo dell'auspicio rivoluzionario tipici del moralista portano alla non speranza e al rifiuto della speranza; il progresso, poiché non è progresso totale, è visto in luce negativa, come sottrazione all'uomo di una somma di valori che i valori nuovi non compensano; la storia, con la quale il progresso si può identificare, è il male, l'eterna ferita inflitta all'uomo, l'eterna prevaricazione e umiliazione ai suoi danni, il suo schernevole destino; ciò che l'uomo possiede è solo la morte, *perfezione raggiungibile* e quindi possibilità di appagamento morale (per cui l'eternità, ciò che ridurrebbe l'assolutezza della morte, può essere lecitamente odiata); della morte e della propria possibilità di raggiungerla, costruendola un poco ogni giorno, l'uomo può essere orgoglioso (con quel tanto di ironia che serva a temperare l'orgoglio); nella paziente preparazione della morte si traduce la tensione al progresso e alla perfezione (giacché la morte è perfetta); se l'uomo è inadempiente verso la realtà può essere adempiente verso la morte; la pietà che l'uomo prova non è per la morte, ma per le illusioni che prima della morte si coltivano, per ciò che dalla morte distrae, tutt'al più per la fatica che il cammino alla morte comporta; quaggiú finisce tutto (questa è la pudica fede e l'ironico coraggio del laico, fede e coraggio che non vogliono né essere ostentati o predicati né diventare religione).

Alla fine, è reazionario uno come Lampedusa? Intendiamoci sul termine. Se è reazionario l'uomo di Stato o il politico che si sforza di congelare la società a un suo qualsivoglia stadio, facendo propri e predicando i valori dei detentori del privilegio, Lampedusa, anche se ne vogliamo dare un giudizio politico anziché artistico, reazionario non è. Sia quell'uomo di Stato, sia Lampedusa, credono magari alla sostanziale immutabilità delle cose; ma il primo non ne patisce, perché di cambiare il mondo non ha nessun bisogno e voglia, anzi si regola in conseguenza, strumentalizza l'umana insufficienza, usa la debolezza per stroncare l'utopia che non odia ma che considera pericolosa e nociva; il secondo invece a stento vi si rassegna, ne patisce, si agita, perché vorrebbe cambiare il mondo, e la cecità del mondo, la sua irrimediabile cocciutaggine, pigrizia, stupidità, inerzia gli infliggono continue ferite, suscitano la sua disperazione e la sua acredine.

Ma forse, si potrebbe obiettare, l'uno e l'altro contribuiscono allo stesso risultato; comunque motivata, qualsivoglia siano le sue radici, la filosofia di Lampedusa serve al congelamento, all'immobilismo, alla conservazione o alla reazione, alla perpetuazione del privilegio di una classe, di un ceto: cioè, Lampedusa, pur non essendolo, svolge un ruolo reazionario.

Sí e no. Sí per alcuni, no per altri. Non certamente per tutti. La risposta può parere elusiva, in realtà si sforza di essere equilibrata. Sí per chi non ha occhi per vedere, per chi legge senza capire, per chi attribuisce alla poesia una funzione predicatoria. Sí per una classe in un certo momento, no per la medesima in un altro momento. Riprenderemo piú avanti questo problema. Per ora osserviamo che anche in Francia sono stati molti a considerare, a torto, reazionario il discorso di Céline: infatti Céline, molto piú vigorosamente di Lampedusa, denunciava la vanità del progresso. Anche lui però, e meglio di Lampedusa, lo faceva con parole che avevano le vibrazioni e la coerenza, magari allucinate e folli, della poesia, testimonianti nell'acredine la loro radice di straziato e deluso amore. Per nulla, quindi, reazionarie. Perché, come potrebbe essere reazionaria una testimonianza? Meno che mai potrebbe esserlo una testimonianza poetica che, in quanto tale, coglie e comunica una dimensione del mondo. Non è funzione del poeta asserire o negare la storia. Affermi o neghi, egli è poeta se riesce a dare convincente testimonianza di qualcosa che esiste e che *non potrà essere detto inesistente ancorché possa essere rifiutato*. Ciò che Lampedusa ci ha testimoniato può essere rifiutato, ma non detto inesistente. Certo, il suo discorso, come ogni discorso poetico, può essere politicamente strumentalizzato: anche questo è vero ed è inevitabile. Piú avanti spiegheremo come, secondo noi, lo è stato e lo è, e che in tale strumentalizzazione risiede il *potere* di uno scrittore, quel potere che le élites gli concedono. Ma al di là della strumentalizzazione e della diversa leggibilità in chiave politica, in diversi momenti e contesti, del libro di Lampedusa, c'è la fondamentale non negabilità del suo discorso esistenziale, la verità del discorso funerario di don Fabrizio Salina, la commovente parabola della sua radicale sconfitta.

L'altro capitolo cui accennavamo, l'ottavo, è anch'esso abbastanza pleonastico, anche se un po' più dentro la macchina del racconto. Il principe è morto da un pezzo; è morto anche Tancredi; Angelica è una bella e mondanissima vedova, prossima però al disfacimento. Le tre figlie di don Fabrizio – Concetta, Carolina, Caterina – conducono un'arida vita da zitelle, in una villa che è solo flebile e patetica eco del fasto passato. Le pratiche devote sono la loro consolazione: cappella privata, confessore particolare per ciascuna, raccolta di reliquie procacciate da una comare faccendona, pagate a caro prezzo e quasi tutte false. Il mondo che le tre Salina sono disposte a riconoscere è quello della loro giovinezza. È finito però il ruolo della loro classe sociale, esse sono delle sopravvissute, benché si abbia ancora riguardo al loro nome e il vescovo le tratti con speciale deferenza. Tanto più traumatizzante la decisione della Curia di far esaminare le reliquie. L'esame si conclude con il salvataggio di soli cinque pezzi, tutti gli altri essendo risultati falsi. È il crollo: la fine delle reliquie simboleggia la fine di tutto. Caterina e Carolina si lamentano e danno di turco al papa; Concetta, più fredda e intelligente, prova solo un gran senso di vuoto:

« ... le sembrava di vivere in un mondo noto ma estraneo, che già avesse ceduto tutti gli impulsi che poteva dare e che consistesse ormai in pure forme ».

Anche Bendicò, il diletto alano del principe, conservato impagliato per anni, le insinua ricordi intollerabilmente amari, e Concetta lo fa gettare nella spazzatura.

È un capitolo decoroso e di piacevole lettura: niente più. Soprattutto è inutile. Questa acida decadenza della stirpe di don Fabrizio, l'involgarimento e la banalizzazione della sua grandezza, questo tarlarsi e putrefarsi della sua pura, severa, solida morte erano scontati.

Una incrinatura, un cedimento sul piano dell'intensità e dello stile c'erano già d'altronde nel settimo capitolo. La morte di don Fabrizio è un pezzo dolciastro e manierato; la morte vi si presenta con fattezze crepuscolari che deludono l'attesa creata dai capitoli precedenti.

La verità è che Fabrizio Salina l'abbiamo visto morire con pudore e spirito fin dalle prime battute del libro. La sua morte, la morte da lui *vissuta* ha ben altra gravità e discrezione.

Comunque, il settimo capitolo si può ancora considerare un infortunio necessario, un tributo pagato allo schema romanzesco, l'esigenza di una conclusione secondo le buone regole (le battute un po' frettolose e convenzionali di una sinfonia che ha svolto riccamente i suoi temi). L'ottavo capitolo invece, pur non potendosi dire brutto, è come il logoramento (per stiracchiatura e dilatazione) di un tema già vigorosamente proposto.

Il Gattopardo finisce con il sesto capitolo: tutto a quel punto è già stato detto, tutto è accaduto o prevedibile, compresa la morte di don Fabrizio.

Il Gattopardo è sí storia, ma storia di un amore acrimonioso e vendicativo per frustrazione e disperazione. È la poetica, patetica, struggente reazione di un moralismo offeso dal rifiuto del mondo di essere buono, generoso, giusto, razionale. Del mondo, non della Sicilia: perché la Sicilia è un pretesto, e cercando di caratterizzarla fortemente, di farne *il peccato*, caricandola di tutti i peccati del mondo, Lampedusa la semplifica, la impoverisce, le toglie tutte le sfumature. L'astratto Lampedusa teme la propria astrattezza, non ha il coraggio di camminare soltanto sul suo filo teso, e cerca il concreto. Com'è inevitabile, nelle mani di un astratto il concreto tende a diventare troppo concreto (ansia di perfezione, rifiuto apprensivo dell'astrattezza, esigenza di un bersaglio preciso ed evidentissimo per il proprio furore), si fa schematico, perde persuasività. La Sicilia di Lampedusa, se Lampedusa avesse avuto il coraggio della propria astrattezza, sarebbe potuta essere un leviatano, un Moby Dick. È rimasta il bersaglio innocente della rabbia di don Fabrizio (cioè di Lampedusa). Nel *Gattopardo* l'astratto cerca di farsi concreto e il concreto si scioglie in astrattezza. È il piú grave difetto del libro, l'incrinatura che tutto lo percorre, che impedisce alla poesia di levarsi alta, ampiamente risonante, tragica, e la mantiene entro i limiti di una sia pure sostenuta e toccante elegia. Lampedusa dipinge con accanimento un concreto cosí concreto da riuscire paradossale, ma gli rimane estraneo, perché in sostanza di quel concreto non gli importa nulla, sicché presto il concreto subisce l'acido dell'ironia, gli urti di una vendicativa sofferenza mentale, viene strumentalizzato dalla stessa sofferenza e dal moralismo bramoso di conferme e dimostrazioni: allora, o diventa anch'esso elemento dell'astratto furore, o si indurisce in difesa, sviluppa una crosta protettiva che lo rende assai poco convincente. Il guaio è che Lampedusa lo vorrebbe convincente e dimostrativo per sua intima forza e virtú, e ci fa molto affidamento. Lampedusa vorrebbe essere, e non gli riesce, uno scrittore realista. La sua Sicilia dovrebbe essere *fatta*, creata dall'occhio, dalla sensibilità di don Fabrizio, personaggio oggettivo (ricordiamo Stendhal); pretende addirittura di essere un dato oggettivo, assunto e svelato, ma non fatto, dall'occhio di don Fabrizio. In realtà poi, è fatta dall'occhio di Lampedusa, modernissimo e sofferentissimo moralista, remoto dal mondo di don Fabrizio e ostile al mondo in genere, risentito e – checché lui pensi o voglia – piangente. L'errore di Lampedusa produce effetti piú negativi di quelli dei veristi, anche se – per essere meno coerente, piú innocente e disarmato – è in sé meno grave. Lampedusa altera la realtà piú di De Roberto. Che poi sia piú poeta è altra faccenda. Sta di fatto che fra la natura e i modi di attuarsi della sua poesia c'è uno stridore continuo: la sua poesia è qualcosa di diverso da ciò che insistentemente vorrebbe essere. Tutto *Il Gattopardo* soffre di questa contraddizione, è un libro senza pace, come Lampedusa era un uomo senza pace. *È come se la poesia cercasse assiduamente il modo meno congeniale di esprimersi*, facesse assiduamente violenza a se stessa, si ostinasse a imboccare strade perigliose o decisamente sbagliate. La poesia di Lampedusa non trova mai luogo dove posare, dove liberare senza inibizioni e compromessi tutta la propria carica. Lampedusa è un musicista che si incaponisce a suonare uno strumento che non gli è congeniale, perché la sua virtú, che è l'astrattezza, rifiuta la propria positiva essenza e le proprie possibilità, e vuol essere concretezza.

Questa è anche la ragione per cui *Il Gattopardo*, che nell'insieme regge, cede nelle singole pagine. Poche di esse resistono a un'analisi appena un po' severa. Lampedusa è debole nei dettagli, cioè laddove piú acuta si manifesta la sua brama di concretezza. Abbiamo accennato a una sfiducia nel sostantivo, che la paura della propria astrattezza dà a Lampedusa. I sostantivi sono sempre lautamente aggettivati e gli aggettivi sono raramente indispensabili, arricchenti (aggiunte o dilatazioni significative); il piú delle volte son frutto dell'ansia di rendere piú concreti la cosa e il gesto. Quel che diciamo degli aggettivi è applicabile ad ogni amplificazione metaforica che si trovi nel *Gattopardo*. Qui, anzi, bisogna dire che le cadute sono serie, come quella che abbiamo vista, degli occhi « immoti come quelli delle statue »: la sfiducia nel sostantivo diventa sfiducia nell'aggettivo che lo accompagna, sicché occorre una precisazione ulteriore, e l'astratto Lampedusa, per il quale *gli oggetti contano poco e che non li sa far vivere perché in sostanza non li sente, non li ama per quel che sono o per quel che significano al personaggio*, mette lí quel paragone insulso.

Dispiacerà ai lampedusiani fanatici, ma basta questo per dire di uno scrittore che non è un grande scrittore: un grande scrittore non dice degli occhi che sono immoti come quelli delle statue. Il fatto è che uno scrittore astratto dovrebbe avere il coraggio di trattare gli oggetti per quel che rappresentano per lui: cose da investire e da distorcere, non viventi di vita propria ma elementi di una parabola, materia plasmabilissima e accettata solo per la sua plasmabilità. Se lo scrittore astratto vuol far vivere gli oggetti nella loro concretezza, in una loro presunta realtà oggettiva, essi gli diventano pesi che lo fanno affondare nella palude dell'ovvietà. La « grassezza » di Lampedusa (opposta alla « magrezza » dell'amato Stendhal) non è qualità che gli appartiene, se non in quanto debolezza, frutto del suo timore, documento della sua incapacità di essere coerentemente se stesso. Non per nulla Lampedusa amava tanto gli scrittori « magri »: riconosceva in essi la parte migliore di sé, la vocazione alla quale non riusciva a tener fede.

Diciamo, non completamente fede. Per quel tanto che riuscí a tenervi fede, Lampedusa è scrittore autentico, e come gli scrittori autentici vivo e riconoscibile anche nei difetti. Laddove riesce a essere astratto, egli è poeta: un delizioso poeta minore.

Lo hanno elogiato per ciò ch'egli non è: per la sua « grassezza »; per i suoi deboli e scontati personaggi; per la sua scontatissima Sicilia; per i suoi risaputi paesaggi, odori, colori; per la sua troppo blanda, stemperata, cagionevole, pietosa ironia; per la sua non nuova e semplicistica filosofia e interpretazione della storia. E per le stesse ragioni i detrattori se la son presa con lui, consumando molte energie a dimostrarci, per esempio, che, come romanzo storico, *Il Gattopardo* frana da tutte le parti.

Proviamo ad amare *Il Gattopardo* per quello che è: protesta contro la deludente vita; moralistico, totalitario accanimento denigratorio; insistente invocazione e professione di morte in disperata bramosia di vita. Amiamolo per il nero della sua devastante luce, per l'assidua denuncia del nero dietro la luce, della morte dietro la festevolezza delle coloratissime e profumatissime forme, per la cifra funeraria dell'oro pallido che a tratti vi appare.

Don Fabrizio è Lampedusa. Parliamo dunque di Lampedusa: del suo amore per la vita, per il mondo, per la Sicilia; della sua bontà; della sua sete di giustizia e di razionalità. E cerchiamo di tenere presente che per un temperamento e un cervello di questa fatta, *razionalità è sinonimo di bontà, generosità, giustizia,* sicché se Lampedusa vuol pensare a un mondo diverso dall'attuale e migliore, gli basta configurarsi un mondo razionale. Il che spiega la sua indifferenza e diffidenza per le ideologie. Per cambiare il mondo, come Lampedusa vorrebbe cambiarlo, bisogna essere più forti del mondo, oppure accettarlo con la mente e col cuore, aderirvi. Il moralista Lampedusa che, ovviamente, non è più forte del mondo, e anzi da buon moralista è vulnerabilissimo, esposto a tutte le sue offese, non accetta il mondo. Ferito, lo nega e rifiuta, cerca la morte, unica ancorché triste verità e salvezza, unico approdo, unica possibilità, e la vede dappertutto. La morte pareggia. Nulla di strano dunque che tutto si pareggi nel *Gattopardo*: giustizia e ingiustizia, potenti e umili, belli e brutti. Si pareggiano i gesti, le classi, i regimi, le passioni. Il sigillo della morte cancella tutte le fattezze, soverchia ogni cosa.

Sí, ci sono nel carattere e nell'atteggiamento di Lampedusa componenti riconducibili alla sua estrazione e condizione sociale: l'aristocrazia, la feudalità, il viscerale attaccamento a un mondo superato, l'abitudine all'ozio, l'incapacità di appartenere e di integrarsi, la coscienza dell'inevitabilità e attualità del mutamento insieme all'impossibilità di inserirvisi (sicché il mutamento è sentenziato, consolatoriamente, vano). Ma l'offesa di cui Lampedusa soffre va al di là di questo, dei confini classisti e culturali: è offesa a una cosmica ansia di perfezione e moralità. Dal che si vede quanto sbrigativa e ottusa sia la definizione di Lampedusa scrittore reazionario. O vogliamo dire che Lampedusa è reazionario perché troppo desidera il progresso e non sa suggerire gli strumenti per perseguirlo?

Certo, si può detestare un libro come il *Gattopardo*: un libro di rifiuto e di morte, un libro – diciamolo pure – inconcludente dal punto di vista dell'ideologo. Cosí come si può detestare la morte. Ma al lettore onesto corre l'obbligo di riconoscere la poesia anche quando nasce dal rifiuto e dalla morte: perché anche quando, e forse soprattutto quando ha questa radice, la poesia è desiderio e testimonianza di vita. E perché gli ideologi dovrebbero esimersi dal dovere di essere lettori onesti? Diversamente diventano sordi (e perciò cattivi e pericolosi) ideologi.

Lampedusa non è certamente un buon rivoluzionario, ma i rivoluzionari trarranno stimoli a pensare e ad operare piú da lui (e da quelli della sua razza piú grandi di lui), che non dai predicatori di positività, dai professionisti del progressismo, siano scrittori o intellettuali d'altro tipo. Non è del poeta l'obbligo di organizzare e fare la rivoluzione, anche se è possibile ch'egli vi partecipi attivamente; anzi, egli non ha nemmeno l'obbligo di crederci. Spetta invece ai rivoluzionari l'obbligo di conoscere anche quella dimensione della realtà che il poeta scopre e testimonia, di far propria nella misura del possibile anche quella particolare forma di conoscenza che è la conoscenza della poesia. Se no, rivoluzione e progresso nascono sotto il segno della rinunzia e pongono le premesse della propria involuzione.

Che Lampedusa abbia testimoniato è fuor di dubbio. È vero quel che qualche critico ha osservato: ha testimoniato anche la nostra delusione (che in lui assume certi connotati) nei confronti di molte ideologie, di molti progressismi, ma anche conservatorismi. Ha testimoniato l'insufficienza, visibile nel fallimento in cui siamo immersi, della nostra tensione morale. In tutti noi c'è un po' di don Fabrizio: un po' della sua moralità offesa e insufficiente tensione morale. Per tutti noi la morte è una tentazione. Tocca agli ideologi prendere atto che nel mondo, ora come altre innumerevoli volte, ma forse piú di altre volte, la morte è una tentazione.

Una piccola testimonianza, certo. Lampedusa non è Verga né Céline. Ma, nel piccolo, *è*.

Quando il suo libro uscí, la letteratura italiana attraversava un periodo di acuta crisi. Aveva perso molto vigore e viveva ormai nei suoi strascichi la discussione sull'impegno dello scrittore: impegno che molti avevano inteso come ricerca dei modi per direttamente influire (non si trattava quindi solo di partecipare) sulla realtà politica e sociale, come responsabilità politica, come intervento attivo, come potere *tout court*. Il rapporto della letteratura con la realtà si andava chiarendo e ponendo in termini piú accettabili: attenzione cioè, da parte dello scrittore, alla problematica del mondo, ma anche indipendenza e libertà, autonomia, attribuzione alla cultura e all'arte in particolare di una funzione conoscitiva ed educativa propria, diversa da quella del discorso ideologico, politico, storico. Del resto, la ricerca di partecipazione e di intervento da parte della letteratura aveva prodotto opere mediocri, equivoche, di corto respiro. Il neorealismo aveva dimostrato la propria sterilità, molti sperimentalismi, a distanza di pochi anni, mostravano la corda, altri sperimentalismi si andavano però configurando. Sterili discussioni sulla possibilità o impossibilità, sopravvivenza o morte del romanzo, sul rapporto fra letteratura e industria (quest'ultima considerata la nuova realtà con cui fare i conti). Una folta schiera di epigoni del naturalismo e del realismo ottocenteschi, di scrittori ben sistemati nel solco della tradizione, orgogliosamente fedeli al consacrato cliché del romanzo, sfornavano opere apparentemente e pretenziosamente impegnate, in realtà di puro intrattenimento, prodotti di consumo per un pubblico disorientato da una critica confusionaria, poco illuminata e illuminante, complice, incapace di discernere o non vogliosa di additare i valori autentici, di sceverare il nuovo dal preteso nuovo. Il velleitarismo, il vuoto, la vecchiaia di molti sperimentalisti e avanguardisti pseudoscrittori facevano sí che i tradizionalisti avessero buon gioco: i loro libri, ancorché spesso noiosi o insulsi, si facevano almeno leggere, non avevano bisogno di essere decifrati. Si avvertiva diffusamente la esigenza di un rinnovamento del linguaggio, e la natura, la funzione del linguaggio erano temi di molte discussioni, spesso, sfortunatamente, dilettantesche. Ma la ricerca di molti scrittori, troppe volte non era ricerca di nuove sintesi di significante e significato, di lingua e contenuto – cioè sforzo di vedere ed esprimere nuove dimensioni della realtà – bensí tentativo di presentare in modi nuovi contenuti usurati. Cosí il linguaggio non era vissuto nella sua funzione creativa ed era degradato a cifrario, a meccanismo espressivo. Molti libri, nei quali si perseguiva una ricerca linguistica, si rivelavano sterili funambolismi verbali, gerghi complicati per dire cose vecchie, risapute. Forti di questo, i tradizionalisti pretendevano, con un semplicismo anche piú offensivo, di dir cose nuove in modi vecchi. Pochissimi, indipendentemente dalla riuscita o meno della loro fatica, mostravano di intendere che ricerca di un nuovo linguaggio è nient'altro che ricerca di una dimensione nuova della realtà: che se manca forza creativa per enucleare questa nuova dimensione, non ci può essere nuovo linguaggio.

I pochi libri validi si perdevano nella massa di una mediocre produzione: gli addetti ai lavori non li capivano o non li evidenziavano; il lettore comune non vi si accostava o non ne ricavava ciò che avrebbe potuto ricavarne.

Nei confronti della letteratura, che sembrava non offrire agli uomini nessun soccorso vitale, nessun aiuto per la comprensione di un mondo sempre piú problematico e complesso, crescevano diffidenza e indifferenza, animosità e disagio. Il fuoco dell'attenzione e la speranza si appuntavano su altri fenomeni culturali (alcuni nuovi in assoluto, altri nuovi nel nostro paese) che sembravano piú promettenti, piú soccorrevoli, tali da fornire strumenti conoscitivi piú affilati: il pensiero scientifico in genere, le scienze umane (linguistica, etnologia, antropologia, psicologia, sociologia, ecc.), alcune correnti e metodologie filosofiche e critiche (esistenzialismo, fenomenologia, strutturalismo, un piú libero atteggiarsi del marxismo dopo la crisi dell'ortodossia, ecc.). Al di là della moda e dell'infatuazione, presenti senza dubbio come componenti, un sincero, non superficiale desiderio di conoscenza e il bisogno di freschi strumenti conoscitivi si diffondevano a nuovi strati di lettori, soprattutto fra i giovani. La vecchia cultura non soddisfaceva piú, non rispondeva alle esigenze dei suoi destinatari; una cultura diversa nella sostanza, nei metodi, nei fini faticava a prendere forma.

Anni davvero di profondo disorientamento culturale (specchio di un altrettanto profondo disorientamento sociale, politico, economico), di tensioni, di molti tentativi sterili accanto ai pochi costruttivi. Potevano allora sembrare illuminanti intuizioni le verità piú trite: per esempio, che uno dei compiti fondamentali della cultura è quello di suscitare e tener vivo negli uomini lo spirito critico, di fornire agli uomini mezzi per capire la realtà e per reagirvi liberamente, condizionandola e non lasciandosene condizionare; in altre parole, che la cultura non deve servire agli uomini per integrarsi nel mondo, qualsivoglia esso sia, ma a costruire il mondo; che il suo scopo non è la consolazione, la rassicurazione, l'intrattenimento, ma la stimolazione, la provocazione, lo scandalo; che non appartengono alla cultura la corrività e la facilità, anche se l'arduità non ne è necessariamente la divisa.

Il Gattopardo si affacciò a questo scenario turbato: un libro apparentemente nitido, non bisognoso di decifrazione, con un ricco e coerente contenuto; un romanzo con le carte in regola. I tradizionalisti, gli epigoni di un decadentismo spruzzato di Joyce, gli scrittori d'evasione fintamente impegnati ne fecero subito il loro vessillo: si poteva ancora scrivere un romanzo che all'impianto realistico, naturalistico, ottocentesco unisse una sensibilità moderna; un romanzo piacevolissimo e godibilissimo nel suo impegno; con i suoi bravi personaggi, sentimenti, riflessioni; rispettoso delle convenzioni linguistiche. Così *Il Gattopardo* divenne lo stendardo di una polemica contro gli sperimentalismi e gli ideologismi. Il pubblico, incuriosito dalla polemica e dall'aneddotica (la scoperta avventurosa, il principe siciliano che si sveglia scrittore a sessant'anni, ecc.), ma soprattutto sedotto dalla apparente limpidezza del libro, dalla sua fluidità, dalla sua grazia, dalla sua materia, lo accolse con favore, vi lesse tutt'altro da quel che effettivamente vi si trovava, ovvero non lesse *Il Gattopardo*, che è uno dei piú ardui e scostanti romanzi del Novecento italiano, ma la sua crosta e, paragonandolo agli indecifrabili, spinosi, ostici libri sperimentali, respirò di sollievo.

I critici, nella stragrande maggioranza, non furono da meno: non fecero molti sforzi per penetrare il libro, per giudicarlo per quel che era, ma lo aggredirono e vituperarono da ideologi o contenutisti, lo esaltarono da formalisti; ne esplorarono ben bene la superficie senza calarsi in profondità; non ne individuarono la poesia; scambiarono per qualità positive i difetti, ciascuno a suo modo e secondo la propria poetica. Ovviamente, finirono per farne una cosa assai piú grossa e importante di quel che era.

Non è questo il servigio che al *Gattopardo* si può rendere; né è questa la via per prenderne ciò che può dare. *Il Gattopardo*, che abbiamo detto esistere per certe ragioni, non vuol essere sovrastimato nel paragone con i prodotti, alquanto poveri, che gli anni in cui fu scritto ci hanno dati, ma capito nella sua difficile, schiva, poco corriva poesia affiorante da un terreno pieno di scorie, nella sua dimensione che è quella di un molto stimolante minore che resisterà al tempo.

III
LA CRITICA

La bibliografia sul *Gattopardo* e sul suo autore è molto vasta. I soli articoli e saggi usciti in Italia, su giornali e riviste di qualche importanza, sono piú di trecento. Parecchio si è scritto anche all'estero.

La lettura di questo materiale non è però molto confortante: superficialità, elusione del problema critico, faziosità moralistica o politica. Insomma, pochi davvero sono i contributi utili, le pagine illuminanti che possano servire come introduzione o come ausilio alla lettura del romanzo.

Naturalmente, tutti hanno, piú o meno diffusamente, e dandovi parecchio peso, citato i motivi e i temi piú evidenti del *Gattopardo* (il disincanto, l'ironia, la morte, la sfiducia nella storia, il paesaggio). Ma rare le osservazioni penetranti, e sia pure quegli illuminanti e stimolanti errori che il critico deve commettere, perché ciò fa parte della sua funzione. È probabile che del *Gattopardo* tutti si sian buttati a scrivere troppo a caldo, subito dopo l'uscita del libro, sicché ci troviamo di fronte a recensioni e ad interventi polemici piú che a meditati saggi, frutto di una lettura calma, paziente e di un'abbastanza ampia prospettiva. Infatti, la maggior parte di questi scritti è del 1959 e del 1960, e gli interventi a caldo nella critica son raramente i migliori.

Diciamo anche che si era creato in Italia un clima

assai poco propizio a discorsi sereni e spassionati: ci sono stati anni in cui parlare negativamente o con riserva del *Gattopardo* suscitava commiserazione o sdegno. Se ne parlava quindi prevalentemente bene o, per ovvia reazione, eccessivamente male. Il mondo letterario si divise in « gattopardisti » e « antigattopardisti »: il romanzo di Lampedusa ci venne presentato di volta in volta come un modestissimo libro, reazionario e vecchiotto, come una stanca eco di De Roberto e di Pirandello, oppure come il luminosissimo vertice della narrativa meridionale, come un capolavoro da stare degnamente al pari delle migliori cose di Svevo, uno dei due o tre libri piú importanti della letteratura italiana del Novecento, un sottilissimo racconto psicologico o un acutissimo romanzo storico. Erano, come abbiamo visto, anni in cui si dicevano molte assurdità sui libri e in particolare sui romanzi, in cui ci si chiedeva assillantemente (è stata una delle piú sterili e fatue discussioni che la storia letteraria ricordi) se il romanzo era morto – e si parlava di romanzo *tout court*, non di quella particolare configurazione che il romanzo aveva assunta nell'Ottocento, effettivamente e del tutto naturalmente superata. Ecco dunque *Il Gattopardo*, romanzo per eccellenza, con i suoi bravi e ben torniti personaggi, i suoi capitoli con sommari esplicativi, i suoi dialoghi, eccetera. Il povero e defunto Lampedusa si trovò allora ad essere segnacolo della narrativa come certuni la intendevano, prova irrefutabile della possibilità del romanzo (di quel tipo di romanzo) di esistere, e magari della illiceità d'ogni altro tipo di romanzo o di narrativa o addirittura di scrittura. Le magre e tediose prove del romanzo cosiddetto neorealista, se non giustificano, spiegano un poco questi furori. Sull'altro fronte, i novatori (piú nella scorza che nella sostanza), da poco affacciatisi alla scena letteraria, non avevano ancora potere e vera voce in capitolo, e d'altronde non se la sentivano neanche loro di dire brutto *Il Gattopardo*.

Il Gattopardo cascò, insomma, nel pieno di una baruffa letteraria, che contribuí a rendere, da latente e mormorata, esplicita e vociferata. Divenne campione di ciò di cui campione non poteva essere e fu vilipeso ingiustamente da chi apparteneva ad altra schiera. Mettiamoci pure le discussioni di cui era viva l'eco, sull'impegno socialpolitico dello scrittore e del narratore in particolare, ed ecco i giudizi in chiave moralistica e politica, ecco *Il Gattopardo* giudicato libro progressista o reazionario. Qualche voce si levava, è vero, a ricordare che un libro è reazionario solo quando è brutto, artisticamente fallito, ma andava sommersa nell'urlío generale.

Fu una fortuna, tutto questo baccano, per *Il Gattopardo*? Non ci sembra proprio. *Il Gattopardo* ha certo beneficiato di molta piú attenzione di quanta meritasse, ma quanta di questa attenzione lo ha – non commercialmente beninteso – danneggiato? Quante violenze gli toccò subire (è violenza per un libro essere spropositatamente esaltato come iniquamente vilipeso), che davvero non meritava e che, a distanza di tempo, appaiono frutto di isterismo, di ottusità, di faziosità, di vera balordaggine?

Comunque sia, possiamo adesso parlare del *Gattopardo* piú tranquillamente, senza timore di essere tacciati di tiepidezza per l'equilibrio, o di cattiveria, di cecità, di meschinità per le riserve.

Sarebbe un errore spingere il lettore del *Gattopardo* alla consultazione – d'altronde malagevole, trattandosi, come dicevamo, soprattutto di recensioni e articoli sparsi in riviste e giornali – di molti di quegli scritti. Chi ne fosse curioso, potrà trovare un'ampia *Bibliografia del Gattopardo* in un libro di Francesco Pavone, *Scritti di critica e di filologia* (Roma, 1968). Saremo perciò avarissimi di citazioni.

Per ciò che concerne la biografia di Lampedusa e le vicende del *Gattopardo*, fondamentale è il volumetto di Francesco Orlando, *Ricordo di Lampedusa* (Milano, Scheiwiller, 1963), che piú volte ci è occorso di citare. Orlando frequentò Lampedusa a lungo: era uno di quei giovani con i quali lo scrittore amava intrattenersi e ai quali faceva un po' da maestro. Il volumetto è pieno di notizie e anche di penetranti notazioni sul carattere di Lampedusa, sulle sue letture, sulle sue simpatie e antipatie culturali. Orlando amava Lampedusa e riconosce il suo debito nei confronti dell'intellettuale e dell'amico, ma sa vederne, e non li sottace, i limiti intellettuali e caratteriologici, gli aspetti meno simpatici della personalità.

Altre notizie si ricavano da: GIORGIO BASSANI, *Prefazione* a «*Il Gattopardo*» (Milano, Feltrinelli, 1958); GIUSEPPE SERVELLO, *Intervista con Bassani* (in «Giornale di Sicilia», 13 gennaio 1970); GIOACCHINO LANZA TOMASI, *Pubblicatelo ma non a mie spese* (in «La Fiera letteraria», 21 marzo 1968); GIOACCHINO LANZA TOMASI, *Premessa* a «*Il Gattopardo*» - *Edizione conforme al manoscritto del 1957* (Milano, Feltrinelli, 1969).

Infine, ma siamo sul piano di una curiosità piú da specialista che da comune lettore, un volume di ANDREA VITELLO, *I Gattopardi di Donnafugata* (Palermo, Flaccovio, 1963), traccia la storia dei Tomasi e dei Lampedusa: vi si parla dell'equivoco araldico-letterario (nello stemma della famiglia l'animale gentilizio che figurava era il leopardo, diventato gattopardo perché i contadini di Torretta e di Palma, feudi dei Lampedusa, chiamavano cosí, con corruzione dialettale del nome, il leopardo), dell'origine e dei principali personaggi della famiglia, delle vicende del patrimonio, dell'autore del *Gattopardo*, dei luoghi del romanzo. Completano l'opera, illustrata fuori testo, tavole genealogiche, una bibliografia sugli argomenti trattati, un indice dei nomi, dei luoghi, degli autori.

Fra i contributi critici veri e propri ci sembra di poter indicare, come particolarmente utili al lettore piú diligente e desideroso di documentarsi, un gruppo di piú o meno ampie e impegnate recensioni comparse sulla stampa italiana (trascuriamo la produzione straniera, che non aggiunge nulla di essenziale): Luigi Baldacci, in «Letteratura», gennaio-aprile 1959; Giorgio Barberi Squarotti, in «Il Verri», marzo 1959; Renato Barilli, in «Il Mulino», aprile 1959; Giuseppe Bartolucci, in «Avanti!», 22 gennaio 1959; Maria Bellonci, in «Il Punto», 27 dicembre 1958; Luigi Blasucci, in «Belfagor», 1 gennaio 1959; Carlo Bo, in «La Stampa», 26 novembre 1958; Arnaldo Bocelli, in «Il Mondo», 6 gennaio 1959; Francesco Casnati, in «Vita e Pensiero», marzo 1959; N. F. Cimmino, in «Il Giornale d'Italia», 23 dicembre 1958; Pietro Citati, in «Illustrazione Italiana», gennaio 1959; Piero Dallamano, in «Paese Sera», 30 gennaio 1959; Giuseppe De Robertis, in «La Nazione», 22 gennaio 1959; Enrico Falqui, in «La Fiera letteraria», 14 e 21 giugno 1959; Marco Forti, in «Aut Aut», settembre 1959; Paolo Milano, in «L'Espresso», 14 dicembre 1958; Eugenio Montale, in «Corriere della Sera», 12 dicembre 1958; Alberto Moravia, in «L'Europeo», 5 luglio 1959; Leone Piccioni, in «Successo», luglio 1959; Michele Rago, in «L'Unità», 3 gennaio 1959; Luigi Russo, in «Belfagor», settembre 1960; Carlo Salinari, in «Vita nuova», 10 gennaio 1959; Gualtiero Todini, in «Belfagor», 31 marzo 1970 (contiene anche una svelta nota bibliografica); Claudio Varese, in «Nuova Antologia», agosto 1959. Il quotidiano «L'Ora» di Palermo pubblicava il 2 ottobre 1968 il resoconto stenografico di una animata tavola rotonda, «Il Gattopardo dieci anni dopo», organizzata e coordinata da Etrio Fidora, con la partecipazione di Pier Paolo Pasolini, Alberto Moravia, Gioacchino Lanza Tomasi, Dacia Maraini, Franco Antonicelli, Leonardo Sciascia, Piero Dallamano, Lucio Piccolo, Felice Chilanti. Chiudiamo questa stringatissima rassegna con la citazione di due recensioni sui *Racconti*: Carlo Bo, in « La Stampa », 15 luglio 1961; Arnaldo Bocelli, in « Il Mondo », 17 ottobre 1961.

Vogliamo invece indugiare su cinque interventi che esemplificano altrettante prospettive e modi di lettura: il primo, del gesuita Giuseppe De Rosa (*Il Gattopardo*, in « La Civiltà Cattolica », 8 aprile 1959), ci dà il punto di vista di un cattolico militante e di stretta osservanza; il secondo, di Mario Alicata (*Il principe di Lampedusa e il Risorgimento siciliano*, in « Il Contemporaneo », aprile 1959), il punto di vista di un marxista, o meglio, di un rappresentante di quella che in quegli anni era l'estrema sinistra; il terzo, di Geno Pampaloni (*Il Gattopardo o anche: les lendemains qui ne chantent pas*, in « Comunità », febbraio 1959), rappresenta forse il piú impegnato tentativo di lettura critica non condizionata da un'ideologia. Il quarto e quinto contributo che prendiamo in considerazione sono: *Impariamo a conoscere gli scrittori italiani* (in « Il Giorno », 24 febbraio 1959), dove si legge l'intervento di Elio Vittorini, e la già citata intervista di Giuseppe Servello con Giorgio Bassani.

Questi articoli e saggi offrono pressoché intera la gamma dei possibili spunti di riflessione sul *Gattopardo*, anche se non dicono ovviamente tutto ciò che se ne può dire. Al lettore, essi possono dunque fornire molteplici stimoli e un quadro di riferimento. Per ciò che riguarda i contributi di De Rosa, Alicata e Vittorini, possiamo considerarli come i limiti tollerabili di un discorso « ideologico », al di là dei quali si va nell'assurdo: si può arrivare cioè a una strumentalizzazione del *Gattopardo* a fini reazionari come quella – che citiamo a titolo di esempio – di Luigi Barzini jr. nel « Corriere della Sera ». Lampedusa, secondo Barzini, aveva dimostrato che al vecchio ch'era andato distrutto non si era sostituito il nuovo, perché nessuno si era preoccupato di costruirlo. Era rimasto il vuoto, uno « squallido vuoto, riempito di furbizie e di improvvisazioni posticce », maledizione dell'Italia. Il tema centrale del *Gattopardo* sarebbe, a detta di Barzini, il declinare di vecchie virtú e grazie « che rendevano la vita umana anche agli umili, » e il trionfo di piú rozze qualità, essenziali al mondo moderno, che non servirono a correggere le antiche ingiustizie ma le sostituirono con altre, le resero talvolta piú gravi, crudeli, insopportabili.

Vediamo come giudica il *Gattopardo* GIUSEPPE DE ROSA.

Letterariamente il romanzo è, se non un capolavoro, opera di grande rilievo. La sua architettura è semplice, l'intreccio scarno e ridotto all'essenziale. Un difetto grave è il procedere a sbalzi, anzi il disperdersi in rivoletti della narrazione negli ultimi capitoli, il cedere al gusto della macchietta. Non c'entra con il resto del romanzo il racconto dei guai familiari di padre Pirrone.

Queste, peraltro, sono mende che non offuscano i valori piú propriamente stilistici, espressivi, che De Rosa riassume cosí: lirismo, concisione, splendore di immagini, potenza di penetrazione psicologica, umorismo misto a un pathos che è partecipazione spirituale dello scrittore alla vicenda. I personaggi, i principali almeno, « sono fatti rivivere non solo nella loro attività esteriore, ma nella loro intimità spirituale, fatta di desideri insoddisfatti, di cupe passioni, di dolorose rinunce: ma la sensualità, la violenza, l'ambizione si placano nello scetticismo distaccato di Don Fabrizio ». Potente è la plasticità di certe immagini, vivamente rappresentato il paesaggio, perfette certe notazioni psicologiche, certe analisi di stati d'animo. « C'è poi soprattutto l'umorismo che, come vena sotterranea, scorre per tutto il romanzo, affiorando qua e là con sprizzi rapidi e luminosi. Un umorismo in verità un po' acidulo ed a volte amaro, ma sempre vivo e scintillante ».

Il valore artistico del *Gattopardo* non deve tuttavia

far dimenticare i suoi lati manchevoli, sotto l'aspetto morale e religioso. A prima vista la moralità parrebbe salva. Nel fondo circola però una forte carica sessuale cui pochi personaggi riescono a sfuggire. Questo tuttavia, non è il difetto piú grave. Il difetto piú grave è il pessimismo senza via d'uscita e senza speranza. « Quel guardare la vita con disincantato scetticismo; quella convinzione che non c'è nulla da fare, perché nella vita regna la legge del piú forte, perché riesce chi ha pochi scrupoli o passa con disinvoltura sulla legge morale; quella stanchezza, quel senso di disfacimento e di morte che circola per tutto il romanzo sono moralmente inaccettabili. Se Dio c'è, il male non può avere l'ultima parola. Ma la tragedia del *Gattopardo* sta proprio qui: Dio non c'è, o se c'è, è un essere lontano dal mondo e dal cuore dell'uomo ». Nel *Gattopardo* si parla di religione, ma è una religiosità tutta esteriore, che non incide sulla vita. Lo stesso padre Pirrone ci fa una magra figura: è un brav'uomo, ma pauroso e servile. Ogni tanto ci sono frasi e puntate anticlericali. Ma piú grave è ciò che Tomasi dice della morte di don Fabrizio. Se costui chiama il prete è solo per non venir meno alle tradizioni di casa Salina. La fede di don Fabrizio è un vago panteismo, e don Fabrizio è il portavoce dell'autore. Tomasi è figlio della sua epoca, incredula e liberaleggiante in fatto di religione. « Eppure nel *Gattopardo* non sarebbe mancato il punto di inserimento d'una autentica religiosità cristiana. Quel senso della caducità delle cose umane, quell'amarezza che è in fondo ad ogni piacere, che, nel romanzo, sboccano nella disfatta e nella disperazione, avrebbero potuto divenire la via a Dio, perché il cuore dell'uomo, secondo la parola di Sant'Agostino, è fatto per Dio, ed è inquieto finché in Dio non trovi la pace ».

Ma Tomasi non aveva fede, e il *Gattopardo* è la dolorosa testimonianza della morte di Dio nel cuore d'un uomo.

Piú ricco di motivi e piú interessante l'approccio di MARIO ALICATA, per il quale *Il Gattopardo* è un libro che voleva essere e non è riuscito ad essere, per colpa della visione reazionaria del suo autore, un grande romanzo storico. È una deficienza ideologica, secondo Alicata, che spiega il fallimento parziale del *Gattopardo*. (Che poi il libro potesse non voler essere un romanzo storico, ancorché usi la storia come pretesto, e che la sua poesia esista proprio al di fuori d'ogni voluta o non voluta dimensione storica, è sospetto che, ad Alicata, sembra non affacciarsi. Sicché, alla fine, egli dà l'impressione di parlare, con molto calore e con molta coerenza, d'altro; di sparare contro un bersaglio sbagliato. Alicata che parla del *Gattopardo* dà l'idea di un elefante che si sforzi di acchiappare una libellula.)

Il fatto che il pubblico italiano, scrive Alicata, di fronte a un romanzo come *Il Gattopardo*, abbia gridato alla scoperta e quasi al miracolo è il sintomo di una situazione anormale della nostra vita culturale. Un fenomeno simile ci porta a constatare amaramente un'insufficienza artistica della letteratura italiana tradizionale di fronte ad alcuni nodi tipici e fondamentali della vita sociale e della storia del nostro paese. Libri come *I Viceré* di De Roberto o *I vecchi e i giovani* di Pirandello stentano a restare patrimonio comune di tutte le generazioni di lettori italiani. D'altro canto gli scrittori contemporanei si muovono dentro una sfera d'interessi « soltanto apparentemente piú attuali e moderni », e non riescono a sollecitare se non l'attenzione della società letteraria.

Tuttavia, non si deve scambiare l'ampiezza dei temi che *Il Gattopardo* sembra voler affrontare per ampiezza di visione storica, e l'interesse per le cose reali che il suo autore possedeva per acuta percezione della realtà sociale e politica dell'Italia d'oggi. La concezione aristocratica della vita, la limitatezza della visione storica di Lampedusa stanno alla base anche dei limiti artistici del romanzo, che si situa nell'ambito del formalismo decadente.

A parte la filosofia della storia che Lampedusa presta al suo personaggio, la rappresentazione ch'egli ci dà di quel momento della vita siciliana non è storicamente valida, non è artisticamente persuasiva.

Il giudizio positivo sulla visione storica e sulla percezione della realtà sociale e politica di Lampedusa ha le sue origini « nella convinzione che *Il Gattopardo* rappresenti *obiettivamente* (vale a dire anche indipendentemente dall'esplicita volontà e dalle convinzioni politiche del suo autore) una denuncia quanto mai coraggiosa, intelligente e spregiudicata – denuncia condotta con le armi della poesia, con le armi del realismo narrativo – dei "limiti" del Risorgimento, e in particolare del momento forse piú importante, piú ricco di implicazioni e ancora oggi piú "attuale" del Risorgimento – il momento dell'unificazione tra il Nord e il Sud – dato ch'esso punta il fuoco dell'obiettivo direttamente sul punto centrale, ma ancora oggi piú segreto, di questo dramma: la strategia adoperata dalla vecchia classe dirigente siciliana nei confronti del moto nazionale unitario oramai inarrestabile, e il nuovo sistema d'alleanze ch'essa riesce a stabilire da un lato con la classe dirigente "piemontese", dall'altro con il "ceto civile" dei municipi siciliani, allo scopo di mantenere in vita l'antica struttura feudale ».

Niente di nuovo in questa critica di Lampedusa al Risorgimento italiano. Ma è vero che « a tale critica egli sembra dare nuova efficacia, facendola scaturire da un'indagine condotta, con spietata ironia, *dall'interno stesso* della vecchia classe dirigente, e senza quegli impacci naturalistici che, abbassando continuamente il pur grande romanzo del De Roberto al livello dell'indagine "patologica", impediscono alla sua rappresentazione della classe dirigente siciliana di raggiungere, nella caratterizzazione dei personaggi e dei rapporti sociali, quella libertà e quella complessità che il reale oggettivo ha, e che dunque non può non avere un'opera d'arte compiuta, cioè realistica ».

Il Gattopardo sembra promettere, nel primo capitolo, tutto questo; sembra profilarsi come grande romanzo storico realistico. Però, a mano a mano che ci si inoltra nella lettura, ci si ricrede, si prova un senso di fastidio, ci si accorge che la visione oggettiva che il romanzo dà del Risorgimento siciliano e italiano è solo una deformazione o una caricatura di quella interpretazione storica. « Una cosa è infatti mettere a fuoco "i limiti" del Risorgimento siciliano (e italiano), un'altra cosa volerne vedere e vederne *soltanto* i limiti; una cosa è cercare di comprendere come e perché si affermò nel processo storico risorgimentale una determinata soluzione politica, cioè la direzione di determinate forze politiche e sociali, un'altra cosa è credere, o far finta di credere, che ciò sia stato una sorta di "presa in giro" condotta dai furbi (dai potenti di ieri e di sempre) ai danni degli sciocchi (coloro che s'illudono che qualcosa di nuovo possa accadere non solo sotto il sole di Sicilia, ma sotto il sole *tout court*); una cosa è infine rifiutarsi di trasformare la storia del Risorgimento nella agiografia e oleografia d'un "miracolo" dell'"italo patriottismo", un'altra cosa ignorare, puramente e semplicemente, la somma di idee, di sentimenti, di passioni, che quella storia contribuirono a realizzare, e in primo luogo delle idee, dei sentimenti, delle passioni legate alla formazione di una coscienza nazionale unitaria ». Il racconto, insomma, andando avanti si svuota, « si tramuta in una meccanica ripetizione della stessa situazione psicologica ».

Di quella somma di speranze, delusioni, entusiasmi, eroismi, passioni settarie, cedimenti opportunistici, di tutto ciò che il Risorgimento siciliano rappresentò, nel *Gattopardo* non c'è niente, né come rappresentazione diretta, né come riflesso indiretto dello stato d'animo, delle reazioni psicologiche, sia pure reazionarie, del protagonista. Il primo felice capitolo non è un punto di partenza: dopo, sembra che non accada piú niente; l'inizio della vita dei personaggi è anche la loro fine; resta delusa l'attesa, si affloscia la sottile tensione che si era creata. In fondo, anche ciò che si dicono don Fabrizio e Chevalley era già, nella sostanza, nel colloquio fra il principe e Russo, nel primo capitolo. Ciò che di nuovo accade dopo il primo capitolo è solo l'amore fra Angelica e Tancredi, e Angelica è nel romanzo il personaggio piú stonato, piú anacronistico.

Perché *Il Gattopardo* non mantiene le promesse iniziali? Mancanza di respiro narrativo dell'autore? Questa non è la causa, è l'effetto di una deficienza diversa e piú profonda « la deficienza *ideologica* che sta alla base della concezione di questo libro: è insomma la sua ideologia reazionaria, la sua visione "aristocratica" della storia e della vita degli uomini, che ha impedito al principe di Lampedusa, e non poteva non impedirgli, di scrivere il grande romanzo storico che pure "da venticinque anni" egli aveva sognato di scrivere e forse non a caso "non si decideva mai a cominciare" e per scrivere il quale non certo gli mancava dovizia di doti letterarie ».

Colpa, insomma, della visione storica non ampia, ma particolarmente ristretta e meschina, di Lampedusa. Questa visione storica, la filosofia della storia di Lampedusa, l'impaccio reazionario da cui egli non riesce mai a riscattarsi gli impediscono di stabilire il giusto rapporto fra le storie individuali, private dei suoi personaggi, e la storia: ed è questo rapporto il vero problema di ogni autentico romanzo.

Nel momento piú felice, veramente realistico del libro, cioè nel primo capitolo, il rapporto è risolto sul piano dell'ironia: il principe Fabrizio ironizza su Garibaldi, e l'ironia gli si ritorce contro perché anche lui è un pover'uomo: la storia, la realtà ch'egli riduce, limita, fa la stessa cosa con lui. Ma il guaio è che, non solo il personaggio di Lampedusa, ma Lampedusa stesso crede di avere in tasca la storia. Lui sa che la storia è tutta un trucco. Che cosa può importargliene dunque? Perché mettere il suo personaggio a contatto della storia reale?

Cosí Lampedusa, dopo aver promesso di raccontarci tante cose, non ce ne racconta nessuna: per tutto il libro séguita a scodellarci in tutte le salse la sua « filosofia della storia ». Quel che sarebbe potuto essere un grande romanzo storico si tramuta in un raffinatissimo esercizio letterario. Siamo nell'ambito del decadentismo. Alla fine si scopre che « l'unico vero interesse che il Tomasi di Lampedusa nutra per la realtà è quello di farci sapere il suo disgusto, piú che il suo "distacco" aristocratico per quella realtà ». E la stessa denuncia ch'egli fa di una classe, di un ceto sociale in via di morire, ci interessa poco, « perché egli è portato a trasformarla – come tutti i veri decadenti del resto – in una denuncia della vanità della vita stessa, meglio ancora della vanità del "vivere in società" ».

Passiamo ora al saggio di GENO PAMPALONI. Le domande che Pampaloni si pone sono se e fino a che punto *Il Gattopardo* sia determinato, anche nel suo valore, dalla sua stessa eccezionalità; se sia un caso letterario oppure una rivelazione « che rimette in movimento le nostre idee e i nostri giudizi sulla letteratura contemporanea »; se, essendo anche la testimonianza di un temperamento ricco e sensibilissimo, un monologo della sua intelligenza di fronte alla vita, aggiunga in modo autonomo e universale qualche cosa alla nostra interpretazione della realtà; se sia il documento, singolarmente maturo e raffinato, di un'esperienza aristocratica, il libro di un gran signore, come scriveva Montale, o altro. « Il grande tema del *Gattopardo* è l'indifferenza tra la storia e il destino individuale... Il principe Fabrizio, protagonista del romanzo, è capitato a vivere in una clamorosa epoca di transizione, quando istituzioni e costumi sociali crollano: ma la realtà poetica che egli esprime è che, di fatto, ogni esistenza càpita a vivere in un'epoca di transizione: e, sempre, per qualche cosa che i tempi nuovi aggiungono, qualche cosa di prezioso (perché nostro) si perde con il vecchio che va distrutto. I conti dell'uomo con la storia non tornano mai. Nell'ambito della sua esistenza, ciò che si dice progresso non compensa mai i necessari compromessi, le furbe viltà, le dignità offese, le speranze disperse che quel progresso è venuto a costare. L'affermazione dell'uomo sta nell'orgoglio, protervo, intangibile, disperato, dei propri "ricordi vitali" e nell'ironia con cui riesce a non farsi travolgere da quell'orgoglio, a guardarne a ciglio asciutto le ceneri; al di là di ciò, egli comincia in realtà a tessere un interminabile dialogo con la morte ».

Lo schema del romanzo storico su cui *Il Gattopardo* è costruito è sostanzialmente una finzione, anzi uno strumento ausiliario per dare al pessimismo di fondo un respiro piú vasto, un'autorità irreparabile. I fatti narrati sono poco piú di esempi, conferme di un ricorrente modulo storico. « Il punto di riferimento è sempre il personaggio nascosto che dice io, lo scrittore, che si arricchisce in un certo senso di tutta la esperienza trascorsa tra i fatti narrati e il *suo* presente ». Procedimento abusivo in sede razionale e storica, valido in sede poetica. La sua parte di verità Lampedusa « la dice con tale forza, ch'essa diviene, per un momento, *la* verità, al di là delle distinzioni; per un momento, e cioè, nella poesia, per sempre... ».

Della pagina della partenza mattutina di Chevalley, dopo il colloquio con il principe, Pampaloni si serve per esemplificare alcune osservazioni.

Il romanzo naturalista è lo schema iniziale, la struttura iniziale o l'ipotesi di lavoro di Lampedusa. Nel romanzo si ritrova però un « ritmo che sale verso l'angoscia, un moto tangenziale verso l'astrazione e l'urgenza lirica dei temi morali: e in questo ritmo lo schema naturalistico si assottiglia fin quasi a bruciarsi ».

Uno dei grandi motivi del libro è quello del sonno della Sicilia. « È un elemento fondamentale per capire come risuoni incalzante il pessimismo dello scrittore... La partecipazione umana e sociale, la modernità del gusto, la stessa carità del sentimento sono secondari di fronte a questo pessimismo esistenziale, voluttuoso; sono *nonostante*, mai al di là di esso ».

Lampedusa « non crede ai valori collettivi del "progresso", cui contrappone la povertà stremata ma intangibile dell'autobiografia individuale », ma nemmeno crede « alla possibilità del bene di agire nella storia: la storia è, anzi, il luogo del male, il luogo della passività e dell'inganno ». Egli è « rigorosamente laico perché ignora anche la religione del laicismo ». Il modo suo, di uno scrittore senza speranza, di partecipare al nostro destino è la pietà. « Scrittore rigorosamente, assolutamente laico, se mai ce ne furono, la religiosità del Tomasi di Lampedusa è nell'accettazione della rinuncia, nell'aristocratico far fronte alla sconfitta, nella non-disperazione; e, di contro, nella pietà per questo destino ».

Don Fabrizio « non è in nessun senso un "eroe positivo" (e anche per questo *Il Gattopardo* non è un libro reazionario) ». Il suo disagio non è di natura politica, ha radici più profonde, come gli fa dire l'autore, che chiamiamo irrazionali perché seppellite sotto cumuli di ignoranza di noi stessi. Un personaggio irrequieto « rispetto alla sua stessa volontà di esistere, culturalmente complesso e contemporaneo, ansioso di un esito e istintivamente cosciente della sua inadempienza verso la verità ».

Nel libro corre il motivo della morte « come un unico festone, funereo e fastoso, luttuoso e inebriante, lieve e ossessivo, musicale e metafisico, entro cui si cela, a sorreggerlo, il rigido sostegno di una disperata pietà ». È un'epigrafe la riflessione di don Fabrizio, nel capitolo del ballo: se tutti erano destinati a morire « non era lecito odiare altro che l'eternità ».

« Il mondo morale di Tomasi di Lampedusa » scrive Pampaloni, « è fondamentalmente una certezza negativa. Il suo mondo poetico è la tenerezza, appassionata sino alla violenza, per quella negazione sentita come fatale. Il suo dono narrativo sembra nascere come un fiore improvviso su una riflessiva, raffinata natura di memorialista. Arrivò a narrare attraverso la forma vigorosa del romanzo tradizionale, ma ne ruppe lo schema con l'urgenza, tutta contemporanea, di una espressività intimamente lirica e testimoniale: che è, come si è visto, un reciso rifiuto di indulgere alla speranza, di abbandonarsi in pace al piccolo cabotaggio con la storia e con le "menzogne convenzionali" del nostro, come di ogni tempo; pur essendo egli, in questo stesso rifiuto, drammaticamente coinvolto e partecipe. Il suo, dunque, è ancora un libro di crisi: ma di che cosa, e verso che cosa? ».

Esplicitamente o no, Tomasi volge, dal fondo della sua solitaria esperienza, il suo accorato disincanto al vuoto della crisi della generazione che ha fallito il suo appuntamento con una somma di valori spirituali in cui riconoscersi e realizzarsi, i valori che si esprimono nel termine Liberazione come lo ha interpretato e vissuto l'Europa migliore.

In questo senso *Il Gattopardo* rientra « nel linguaggio della nostra letteratura del dopoguerra, contribuisce a far giustizia degli entusiasmi piú facili, generosi od occhiuti, reca una testimonianza primaria ».

L'atteggiamento negativo di ELIO VITTORINI nei confronti del *Gattopardo* è perfettamente coerente con la nozione che il Vittorini stesso aveva della funzione della letteratura e del significato del lavoro letterario. Questa nozione è resa esplicita nell'intervista nella quale è contenuto il giudizio sul romanzo di Lampedusa.

Parlando della collana che curava per l'editore Einaudi, « I Gettoni », Vittorini asserisce la necessità di un lavoro « documentaristico »: meglio questo lavoro, secondo lui, che il soddisfacimento della vanità « dei troppi che mirano alla resa poetica senza poi aver altro che del polverone nelle loro cartucce ». Egli crede all'importanza dello scrivere « secondo innocenza » oltre che « secondo forza ». La sua speranza, sottolinea parlando di una rivista a cui si appresta a dar vita, « Il Menabò », è di riuscire a trovare (o a provocare) dei testi che sappiano « rinnovare il rapporto con la storia e ripristinarne insieme uno con la natura: dei testi capaci anche di ricordare che il primo dovere degli uomini è di *essere felici*. (Questo non per se stessi, naturalmente. Ma nella storia e di fronte ad essa, di fronte al genere cui apparteniamo. Come il sole, per esempio, ha il dovere di splendere e produrre calore. Mica è per sé, nel risultato. È per gli altri) ». I libri che piacciono a Vittorini sono quelli che « provocano il lettore ad accettare o a rifiutare qualcosa ch'essi rappresentano ».

Muovendo da un atteggiamento di questo genere, era inevitabile che Vittorini incorresse, nel valutare *Il Gattopardo*, in quello che, con tutta la buona volontà e il rispetto che si deve alla sua generosa milizia letteraria, non si può non dire un errore grossolano.

Merita di riportare per intero il giudizio vittoriniano: « Il libro è certo piacevole, e si pone senza dubbio su un elevato livello letterario, ma non è di "alta" statura. Fosse uscito intorno al 1930, si potrebbe collocarlo nella storia letteraria italiana un po' piú su (ma anche tanto piú a destra) delle fatiche di Nino Savarese. Uscito oggi finirà per restarne al di sotto. È una seducente imitazione dei "Vicerè" di De Roberto, a livello della prosa dei cosiddetti "rondeschi". Poi io non posso soffrirne, in particolare, diverse cose che pur ne determinano l'esistenza. Quel "senno di poi" per esempio, che l'autore ha messo dietro al suo personaggio, e anzi addirittura nella sua bocca, invece di profonderlo (come sarebbe stato veramente da romanzo storico) nelle cose intorno a lui. Oppure, per fare un altro esempio, quella sua concezione della morte (e cioè della paura di essa, e della sua accettazione) che è cosí vecchia e scontata, cosí antiquatamente patetica, perfino con la bella donna che appare in ultimo come s'è visto addirittura nel film sulla vita di Toulouse-Lautrec. Oggi è ben altro il modo in cui gli uomini temono e aspettano la morte, e l'accettano. Per questo, e il resto che taccio, io preferisco al "Gattopardo" non solo il libro di Calvino (pur se in gran parte già edito) ma anche la ristampa dei "Racconti" di Romano Bilenchi, e anche "Il soldato" di Carlo Cassola, e anche "Il ponte della Ghisolfa" di Testori. Sono tutti e quattro tanto piú vitali e tanto piú nella nostra storia. Ci dicono qualcosa di ancora non risaputo. Non lasciano il tempo che trovano. Mentre il "Gattopardo", e lo dico non senza rispetto, lo lascia proprio tale e quale lo trova, il tempo ».

Siamo, come si vede, in piena aura avanguardistica, siamo a quell'assurdo che è la sinistra in letteratura, o, peggio, in arte. Siamo propensi a credere che *Il Gattopardo* non sia un libro di alta statura ed è certo che non funziona come romanzo storico: fin qui Vittorini ha ragione. Ma è ciò che sta prima e dopo questo giudizio, oltre che la perentorietà e assolutezza del medesimo, che riesce inaccettabile e urtante. Vittorini in sostanza imputa al *Gattopardo* di non essere un libro costruttivo, di non presentarci un eroe positivo, di non aprire strade e prospettive nuove, di non situarsi in un filone (che poi non si capisce bene cosa sia) sperimentale, di lasciare il tempo che trova. Che cosa tutto questo abbia a vedere con la poesia o non poesia del *Gattopardo* non si intende davvero. Si direbbe che Vittorini non parli di un'opera di poesia (la quale non è mai a destra o a sinistra, progressista o reazionaria, ma è o non è – ed è o non è per quel che *testimonia*, per quel che penetra, per quel che allude, anche e soprattutto nella contraddizione e nell'ambiguità), ma di una predica, di un discorso esortatorio o dimostrativo. *Il Gattopardo* è, per lui, una cattiva predica. Può essere vero, come però è vero che la poesia è quasi inevitabilmente cattiva predica, e, se è efficace predica, quasi mai è poesia. E chi dice poi che non credere al progresso sia necessariamente essere per la reazione? Anche al di fuori dell'estetica, questo modo di vedere le cose è semplicistico e grossolano.

A quali storture possa portare un'impostazione di questo genere, lo si vede d'altronde nella citazione che Vittorini fa, tra i libri che gli vanno piú a genio del *Gattopardo*, di quel veramente sterile e goffo esercizio letterario che è *Il ponte della Ghisolfa* di Testori.

Insomma, si direbbe che secondo Vittorini un libro vale ed è accettabile se si inserisce come discorso partecipe, positivo o negativo, nel dibattito culturale del suo tempo, se dice sí o no a qualcosa. Non vogliamo sostenere che si debba rinunciare, nella lettura e valutazione di un'opera, a questa componente: ma lasciarsene condizionare è rovinoso. La poesia non si misura con questo metro. A sentir Vittorini, *Il Gattopardo*, per sua sfortuna, è arrivato con trent'anni di ritardo. Non è stato cioè fortunato, verrebbe fatto di celiare, come *La commedia*, che se Dante l'avesse scritta cent'anni dopo sarebbe stata da buttar nella spazzatura, e invece cascò nel momento giusto. Ora, a parte l'inaccettabilità su piano teoretico di questa posizione, tutto si potrà imputare al *Gattopardo* tranne la sua modernità: l'angoscia del principe Fabrizio non è lo specchio di tutta l'angoscia del mondo, ma è certo uno dei modi, una delle facce di quest'angoscia. E, checché ne dica Vittorini, ci sono uomini oggi, tanti uomini, sempre di piú, che temono e aspettano la morte cosí. Per non parlare della storia, nei confronti della quale mai come in questi anni c'è stata cosí diffusa e acuta sfiducia.

Alla fine, quel che Vittorini rimprovera al *Gattopardo* è di non essere un libro vittoriniano.

Ma non vorremmo accanirci troppo con Vittorini e, dopo avergli contestato un errore di valutazione che deriva da una fuorviante ideologia letteraria e da soverchia indulgenza alle proprie idiosincrasie, negare lo stimolo che il suo discorso offre a porci un altro ben piú importante problema, riguardante la presenza del *Gattopardo* nella nostra cultura, la misura e il modo di questa presenza, il suo impatto politico. Per questa via arriveremo forse a dimostrare che *Il Gattopardo* non lascia, da nessun punto di vista, il tempo che trova.

In altre parole, prescindendo dalla poesia del libro, che diamo per scontata, ci domanderemo se esista e in che consista una sua attualità; quale sia la sua presa, quale la reazione nei suoi confronti della nostra società. Il che significa chiedersi che tipo di potere il suo autore nella società abbia avuto ed abbia, se il suo discorso sia operante, serva alla reazione, alla conservazione, alla trasformazione, all'eversione. È una domanda lecita, perché chi potrebbe negare che un romanzo viva in una dimensione anche politica, sia valutabile anche per la sua incisività sul tessuto sociale, per il discorso ch'esso intavola con i gruppi che operano nella società? Ciò che importa è non confondere le due cose e soprattutto non lasciarsi condizionare nel giudizio dalla propria ideologia.

Affrontavamo tempo fa questo problema in un saggio, non dedicato al solo *Gattopardo*, cui qui ci riferiamo (GIANCARLO BUZZI, *Romanzo e ricerca di potere*, in « Questo e altro », n. 4, 1963). Come inevitabilmente accade quando ci si sforza di mettere a fuoco e di evidenziare un aspetto di un libro, rischiavamo il paradosso ed esasperavamo alcune componenti. Non ci premeva in quella sede esprimere un giudizio globale ed equilibrato sul *Gattopardo* né precisare la natura e l'intensità della sua poesia: davamo questa per scontata e cercavamo di chiarire quel suo *altro* modo di essere presente e agente (altro rispetto alla poesia, appunto), che è di ogni romanzo e di ogni opera d'arte.

Il Gattopardo è stato accolto quasi festosamente e, comunque, con grandi lodi dalle élites del potere. Eppure non è per esse questo santo libro, questa lieta scoperta della perdurante possibilità di una «felicità narrativa» che sembrava perduta. O perlomeno non lo è principalmente. Se un libro di questo genere, impasto di mitologia e di negazione d'ogni mito, avesse potuto circolare in un periodo di maggior confusione e incertezza delle élites non ancora convinte di *avercela fatta*, di piú disponibilità delle strutture sociali, di maggiore apertura e possibilismo, di ancora compatta retorica meridionalistica, avrebbe agito come un virulento corrosivo, avrebbe suscitato avversioni da molte parti per giustificatissimi sospetti di non conformismo e di prevalente contenuto eversivo. Avrebbe avuto piú influsso, e il suo autore piú contrastato ma piú grande potere. È infatti un libro spietatamente classista: ha (nonostante la sprovvedutezza in questo senso del suo autore, e al di là della sua stessa consapevolezza e intenzione) la lucidità di una diagnosi marxista sgombra però d'ottimismo messianico e corretta da una nozione tragica, a momenti cupa e disperata della vita. L'inevitabilità dichiarata del progresso è data come una sconfitta. La morte, e non la vita, è l'evento importante e significativo, quello che val la pena di prendere in considerazione nell'universo.

Oggi, politicamente, il *Gattopardo* non può rappresentare quello che poteva rappresentare trent'anni fa, guida tormentosa per le nuove élites e avversata diagnosi per le vecchie. La sua funzione politica è oggi, con ogni probabilità, quella della legittimazione, sia pure a denti stretti, di un ceto sociale con la sua fede in un certo tipo di progresso, con le sue strutture e i suoi istituti. Dire, come alcuni dicono, che *Il Gattopardo* è un libro reazionario sarebbe davvero troppo semplice: di questo passo diventerebbero reazionari troppi libri a qualche distanza dalla loro comparsa. *Il Gattopardo* non è affatto un libro reazionario, ma adempie oggi a una funzione conservatrice, e, fra poco, adempirà a una funzione reazionaria per poi diventare soltanto quello che tutti i libri importanti diventano: un aiuto alla conoscenza in prospettiva storica oltre che una poetica visione della realtà. Il rifiuto della storia, ancor piú radicale di quello espresso da Pasternak, perché qui non è solo la storia sociale, ma quella dell'individuo che è messa in forse e bollata di vanità, è diventato un discorso leggibile in chiavi diverse. Le élites del potere, abbastanza comodamente sedute sul terreno concimato dalla loro nuova ottimistica ideologia, vi ravvisano una netta accettazione, che diventa giustificazione e legittimazione, della loro presenza e del loro operato: in qualche modo si sentono, sia pure amaramente, rassicurate per quanto concerne le loro radici. Gli avversari di tali élites vi leggono una cruda denuncia delle medesime, un'accusa alle loro origini e una ribellione espressa paradossalmente o per via di negazione, ma non perciò meno vigorosa e valida, alla loro presa di potere. Che tutto ciò sia riferito al Meridione, non fa che conferire maggior forza al discorso e accrescerne il valore parabolico.

Qui risiede in buona parte l'attualità del *Gattopardo*, e cosí si spiega – piú che con la sua ardua, raffinatissima e poco corriva poesia; piú che con l'aneddotica della miracolistica scoperta; piú che con lo snobismo e l'equivoco letterario – non tanto il suo ampio e fulmineo successo, quanto la sua circolazione a tutti i livelli della scala sociale e il vivo interesse, fatto di accesi consensi e dissensi, ch'esso suscitò in ambienti di diversissima connotazione ideologica e politica. Una attualità riferibile a quella doppia, contrastante interpretazione, da parte delle élites e dei loro oppositori. Da ciò deriva a Lampedusa un potere agente in due diverse direzioni, tuttavia modesto, controllabile e non usabile a fini eversivi, in quanto in buona parte attribuito, senza timore, dalle élites del potere. Lampedusa infatti non fa piú paura. Il suo pessimismo è facilmente esorcizzabile con l'attribuirgli l'etichetta di privata e non convinta ribellione; la componente acida del suo riconoscimento della inarrestabilità e inevitabilità del progresso e della storia, e la componente acida della sua legittimazione delle nuove élites possono essere facilmente sottaciute, e anzi, riconoscimento e legittimazione acquistano un certo crisma di insospettabilità, venendo da *buona fonte*. La non celata sconfitta dell'individuo, col suo carico di virtú e di limiti, ha poi un sapore particolarmente grato al palato delle élites del potere, innestandosi sulla loro ideologia massistica, antindividualistica, sul loro antiumanesimo. L'altra faccia del discorso di Lampedusa, quella cara agli oppositori delle élites del potere, è assai piú debole e assai meno sfruttabile: il lievito corrosivo di Lampedusa, già diluito da quel tanto di rassegnazione ch'egli vi mescola, non si rovescia piú su una società spaurita, ma su una società arrogante, rassicurata, e non può che debolmente incidere.

Il Gattopardo è un libro ideologicamente limitato e poeticamente non grandissimo. Perciò è mirabilmente dimostrativo. È bastata una modesta carica ideologica a farlo prendere d'assalto. Da ciò la misura della fame ideologica e un avvertimento di quanto grandi siano nella nostra società le possibilità di potere di un narratore.

Contro il giudizio ingenuo e viscerale di Elio Vittorini, ha buon gioco GIORGIO BASSANI, che peraltro, cade in eccessi ch'è persino inutile sottolineare, tanto sono evidenti. Anche lui finisce col fare del *Gattopardo* una bandiera, una testimonianza della validità della propria poetica e della propria opera, e ciò gli prende la mano, inducendolo ad attribuire al libro un significato e un valore esagerati, e a far paragoni assai dubbi.

Vittorini, secondo Bassani, avrebbe reagito negativamente al *Gattopardo* perché il romanzo metteva in crisi tutta la letteratura meridionale dopo Verga, compreso Pirandello. La forza di Lampedusa è nell'aver colmato la frattura creata da Verga fra letteratura nazionale e letteratura meridionale. Verga dice di no alla Nuova Italia politica e letteraria, al Carducci, al primo D'Annunzio, al decadentismo; inventa il dialetto, gli umili, il Quarto Stato, la « letteratura corale », senza personaggi. Su questa base si muove la letteratura del Sud « ammiccando al Naturalismo francese fine Ottocento, però restando in massima parte profondamente dialettale, locale ».

Dopo la seconda guerra mondiale, quando ci si accorge che la Resistenza è fallita ed è venuta meno la speranza di una palingenesi di tipo popolare, Lampedusa ne prende atto, ma, contro il separatismo verghiano, scopre la possibilità « sulla base del nulla e della morte seguíta alla disfatta nazionale » di parlare la lingua di tutti « perché ormai siamo tutti siciliani ».

Di fronte a questo fatto tutta la letteratura separatista, tardo naturalista, vernacola, la letteratura del realismo socialista meridionale si rivela puro manierismo. « L'operazione di Lampedusa è stata quindi di una portata incalcolabile. Neanche Alvaro era riuscito a superare il ponte: veniva dalla letteratura del Novecento e vedeva la realtà meridionale attraverso il mito. Gli era mancata, anche per obiettive ragioni storiche, la possibilità di chiamare in causa il fascismo, tutta la storia italiana degli ultimi cento anni ». Né Alvaro né Vittorini, che volevano uscire dalla provincia, avevano le strutture e la cultura che vengono anche dalla nascita e poi dal genio.

Il Gattopardo va visto come « un felicissimo caso di poema nazionale. È anche un grande saggio critico sulla letteratura decadente da cui deriva. De Roberto dei "Vicerè" e il Tolstoj di "Guerra e pace" scrivono con la presunzione di offrirci la verità oggettiva: è il razionalismo ottocentesco che si arroga il diritto di riprodurre il vero attraverso la scienza. Niente è piú lontano di questo da Lampedusa ».

Il vero impegnato non era Vittorini, ma Lampedusa. Vittorini « teorizzava le proprie impotenze, però tra lui e la realtà c'erano diaframmi; insisteva sulla nostra impossibilità di scrivere un capolavoro perché lui non poteva farlo ».

Il Gattopardo è uscito nel momento giusto: se fosse uscito dieci anni piú tardi sarebbe stato frainteso. La sua forza « fu nell'aver incontrato un sentimento di generale frustrazione degli ideali infranti ».

IV
NOTA BIBLIOGRAFICA

OPERE DI TOMASI DI LAMPEDUSA

Le opere di Lampedusa sono accessibili nelle seguenti edizioni (citiamo sempre la prima edizione e non le successive o le ristampe) uscite tutte, tranne le *Lezioni su Stendhal*, presso l'editore Feltrinelli di Milano.

Il Gattopardo - con *Prefazione* di Giorgio Bassani («Biblioteca di Letteratura», 1958).

Lezioni su Stendhal, in «Paragone», aprile 1959.

Racconti - con *Prefazione* di Giorgio Bassani («Biblioteca di Letteratura», 1961).

Il Gattopardo («Universale Economica», 1963).

Opere («Gli Astri», 1965). Comprende *Il Gattopardo* e i *Racconti*. È questa l'edizione che consigliamo, anche per il suo modesto prezzo, a chi voglia fare una lettura completa del nostro autore e non tenga a possedere volumi di veste pregiata.

Il Gattopardo - Edizione conforme al manoscritto del 1957, con una *Premessa* di Gioacchino Lanza Tomasi (1969). Il volume è illustrato a colori e in bianco e nero fuori testo.

Il Gattopardo - Edizione conforme al manoscritto del 1957 - Premessa di Gioacchino Lanza Tomasi - *La Sicilia del Gattopardo* di S. Massimo Ganci (1969). È un'edizione numerata, che rispetto alla precedente offre il saggio di Ganci e la rilegatura in marocchino.

PRINCIPALI STUDI E INTERVENTI SU TOMASI DI LAMPEDUSA

G. BASSANI, Prefazione a *Il Gattopardo*, Milano, Feltrinelli, 1958.
C. BO, «La Stampa», 26 febbraio 1958.
E. MONTALE, «Corriere della Sera», 12 dicembre 1958.
A. BOCELLI, «Il Mondo», 6 gennaio 1959.

L. Sciascia, «L'Ora», 27-28 gennaio 1959, ora in *Pirandello e la Sicilia*, Caltanissetta, Sciascia, 1961.
L. Blasucci, «Belfagor», 31 gennaio 1959.
G. Bàrberi Squarotti, «Il Verri», febbraio 1959, ora in *Poesia e narrativa del secondo '900*, Milano, Mursia, 1961, 1981³.
G. Pampaloni, «Comunità», febbraio 1959.
E. Vittorini, «Il Giorno», 24 febbraio 1959.
A. Di Rosa, «Il Ponte», marzo 1959.
C. Bo, «L'approdo letterario», 1 marzo 1959.
E. Vittorini, «Il Giorno», 12 marzo 1959.
M. Alicata, «Il Contemporaneo», aprile 1959.
L. Baldacci, «Letteratura», aprile 1959.
G. Pampaloni, «Comunità», giugno 1959.
E. Falqui, «La Fiera Letteraria», 14 e 21 giugno 1959.
E. Falqui, «Il Tempo», 3 luglio 1959.
L. Barzini, «Corriere della Sera», 11 luglio 1959.
L. Aragon, «Lettres Françaises», 17-23 dicembre 1959.
G. Stammati, «Belfagor», marzo 1960.
L. Russo, «Belfagor», settembre 1960.
E. Falqui, in *Novecento Letterario*, serie III, Firenze, Vallecchi, 1961.
G. Pavone, *Bibliografia del Gattopardo*, «Narrativa», marzo 1961.
F. Orlando, *Ricordo di Lampedusa*, Milano, Scheiwiller, 1963.
A. Vitello, *I gattopardi di Donnafugata*, Palermo, Flaccovio, 1963.
G. Lanza Tomasi, «La Fiera Letteraria», 2 febbraio 1968.
G. Pampaloni, «Il Novecento», in *Storia della letteratura italiana*, Milano, Garzanti, 1969.
F. Felcini, *I contemporanei*, Milano, Marzorati, 1969.
G. Servello, «Giornale di Sicilia», 13 gennaio 1970.
A. Dipace, *Questioni delle varianti del Gattopardo*, Latina, Di Mambro, 1971.
G. Tordini, «Belfagor», marzo 1971.
S. Zotti, *Tomasi di Lampedusa. Itinerario artistico. Cenni sulla fortuna critica*, Milano, 1973.
G. P. Samonà, *Il Gattopardo, i racconti, Lampedusa*, Firenze, La Nuova Italia, 1974.
R. Caputo, *Un tema di politica culturale degli anni '60: «Il Gattopardo»*, in «Studi novecenteschi», Padova, 10 marzo 1975.
S Salvestroni, *Tomasi di Lampedusa*, Firenze, La Nuova Italia, 1979².
L. Russo, *Dal Manzoni al Gattopardo*, Firenze, Sansoni, 1981.

INDICE DEI NOMI

Alatri Paolo, 24.
Aleramo Sibilla (*pseudonimo di* Rina Faccio), 14.
Alicata Mario, 150, 153.
Alighieri Dante, 23, 47, 52, 67, 163.
Alvaro Corrado, 2, 168.
Anceschi Luciano, 9.
Angioletti Giovanni Battista, 5, 15.
Annaloro Antonio, 37.
Antonicelli Franco, 149.
Aragon Louis, 12.
Ariosto Ludovico, 52.

Baldacci Luigi, 149.
Balzac Honoré de, 47, 52, 75.
Barberi Squarotti Giorgio, 149.
Barilli Renato, 149.
Bartolucci Giuseppe, 149.
Barzini Luigi jr., 150, 151.
Bassani Giorgio, 8, 11, 19, 30, 32, 35, 36, 74, 121, 126, 148, 150, 167.
Baudelaire Charles, 52.
Beauvoir Simone de, 6, 12, 15.
Beckett Samuel, 12, 15.
Bellay Guillaume du, 52.
Belli Giuseppe Gioachino, 52.
Bellonci Maria, 149.
Benedetti Arrigo, 8.
Berenson Bernard, 13.
Bertoldi Maria, 37.
Biancheri, 32.

Bilenchi Romano, 6, 162.
Bissolati Leonida, 5.
Blasucci Luigi, 149.
Bo Carlo, 32, 149, 150.
Bocelli Arnaldo, 149, 150.
Borges Jorge Luis, 15.
Boswell James, 52.
Brancaccio di Carpino, 24.
Brancati Vitaliano, 6, 53, 60, 125.
Brecht Bertolt, 9, 10.
Brocchi Virgilio, 15.
Bulganin Nikolai Aleksandrovic, 8.
Butor Michel, 12.
Buzzati Dino, 12.
Buzzi Giancarlo, 164.
Byron George Gordon, 73.

Calamandrei Piero, 9.
Calvino Italo, 10, 12, 162.
Campana Dino, 14.
Campi Enrico, 37.
Camus Albert, 9, 10, 14.
Capuana Luigi, 53.
Cardarelli Vincenzo (*pseudonimo di* Nazareno Caldarelli), 13.
Cardinale Claudia, 38.
Carducci Giosue, 24, 168.
Casnati Francesco, 149.
Cassola Carlo, 13, 162.
Castro Fidel, 12.
Cecchi Emilio, 39.

Cecchi d'Amico Suso, 38, 39.
Céline Louis Ferdinand (*pseudonimo di* Louis Ferdinand Destouches), 14, 15, 129, 132, 140.
Cellini Benvenuto, 52.
Cendrars Blaise (*pseudonimo di* Frédéric Sauser), 15.
Cervantes Saavedra Miguel de, 52.
Chateaubriand François-René, 52.
Chilanti Felice, 149.
Churchill Winston, 7.
Cima Tommaso M., 39.
Cimarosa Domenico, 52.
Cimmino Nicola F., 149.
Citati Pietro, 149.
Claudel Paul, 8.
Clausewitz Karl von, 18.
Clementi Pierre, 38.
Colajanni Napoleone, 24.
Colette Sidonie-Gabrielle, 7.
Comisso Giovanni, 8.
Compagna Francesco, 6.
Corneille Pierre, 52.
Craveri Croce Elena, 31.
Crispi Francesco, 5.

D'Agata Giuseppe, 37.
Dallamano Piero, 149.
Dall'Ara Ugo, 37.
D'Annunzio Gabriele, 168.
De Foe Daniel, 73.
Delon Alain, 38.
De Nicola Enrico, 12.
De Pisis Filippo, 5.
De Robertis Giuseppe, 149.
De Roberto Federico, 23, 24, 52, 53, 54, 55, 57, 58, 59, 60, 64, 119, 125, 136, 146, 153, 154, 161, 168.
De Rosa Giuseppe, 150, 151.
De Sivo G., 24.
Dessí Giuseppe, 14.
Dewey John, 7.
Dickens Charles, 23, 52.

Dolci Danilo, 7.
Dostoevskij Fëdor Michajlovič, 23.
Drouet Minou, 9.
Dumas Alexandre padre, 52.
Duras Claire de, 52.

Eden Anthony, 7, 9.
Einaudi Luigi, 15.
Einstein Albert, 8.
Eisenhower Dwight David, 9.
Eliot Thomas Stearns, 23.
Erenburg Il'ja Grigorevič, 7.

Falqui Enrico, 149.
Fanfani Amintore, 6, 11, 12, 14.
Faulkner William, 5, 13.
Federici, 30.
Fellini Federico, 13.
Feltrinelli Giangiacomo, 6.
Festa Campanile Pasquale, 38.
Fidora Etrio, 149.
Fielding Henry, 52.
Fitzgerald Francis Scott, 5.
Flaccovio, 21, 31.
Flaubert Gustave, 52, 75.
Forti Marco, 149.
Franciosa Massimo, 38.
Freud Sigmund, 52, 75.

Gadda Carlo Emilio, 10.
Gallo Nicolò, 32.
Ganci Massimo S., 27.
Garaventa Ottavio, 37.
Garbuglia Mario, 38.
Garibaldi Giuseppe, 19, 20, 79, 97, 113, 114, 117, 122, 156.
Garzanti Aldo, 15.
Gatto Alfonso, 6.
Gaulle Charles de, 6, 11, 14.
Gemma Giuliano, 38.
Giargia Giorgio, 31.
Gide André, 47.
Ginsberg Allen, 11.
Giorgio I (re di Grecia), 5.
Giovanni XXIII (papa), 11, 14.

INDICE DEI NOMI

Girotti Mario, 38.
Giulio IV di Lampedusa, 17, 18, 19, 20.
Gobetti Piero, 24.
Goethe Johann Wolfgang, 23, 52.
Gogol Nicolaj Vasilievič, 75.
Goncourt Edmond de, 5.
Govoni Corrado, 6.
Gramsci Antonio, 10, 24.
Gronchi Giovanni, 7.
Gundolf Friedrich, 53.

Hammarskjöld Dag, 15.
Heidegger Martin, 11.
Hemingway Ernest, 7, 15.
Hercolani Laudomia, 38.
Hugo Victor, 52.
Husserl Edmund, 13, 14.

Infantino Luigi, 37.
Ionesco Eugène, 13.

Jaspers Karl, 11.
Jiménez Juan Ramón, 12.
Jovine Francesco, 53.
Joyce James, 33, 52, 53, 143.
Jung Carl Gustav, 11.

Kádár János, 8.
Kennedy John Fitzgerald, 14.
Kerouac Jack, 11.
Kruscev Nikita Serghejevic, 8, 12.

Labriola Antonio, 5.
Laclos Pierre-Ambroise-François Choderlos, 47.
Lafayette Marie-Madeleine Madame de, 52.
La Fontaine Jean de, 52.
Lancaster Burt, 38.
Lanza Tomasi Gioacchino, 20, 21, 30, 31, 32, 35, 36, 52, 148, 149.
Latouche Henri de, 52.
Léautaud Paul, 6.
Leopardi Giacomo, 24.

Levi Carlo, 8.
Longanesi Leo, 10.
Lukács György, 7.

Machiavelli Niccolò, 52.
Mac Millan Harold, 9.
Malaparte Curzio (*pseudonimo di* Curzio Suckert), 8, 10.
Malenkov Gheorgij Maksimilijanovic, 8.
Mallarmé Stéphane, 47.
Malvezzi Piero, 6.
Mann Thomas, 5, 8, 47.
Manzini Gianna, 5, 8.
Manzoni Alessandro, 52.
Maraini Dacia, 149.
Marimpietri Lidia, 37.
Marx Karl, 75, 118, 122.
Maupassant Guy de, 75.
Mazzini Guido, 37.
Medioli Enrico, 38.
Mendès-France Pierre, 6.
Menotti Giancarlo, 11.
Merleau-Ponty Maurice, 8, 15.
Merlo Enrico, 21.
Milano Paolo, 149.
Milton John, 52.
Mirabelli Ubaldo, 31.
Molière (*pseudonimo di* Jean-Baptiste Poquelin), 52.
Mollet Guy, 8.
Mondadori Alberto, 12.
Montaigne Michel Eyquem de, 47, 76.
Montale Eugenio, 5, 8, 19, 23, 149, 157.
Montherlant Henri de, 6.
Morante Elsa, 10.
Moravia Alberto (*pseudonimo di* Alberto Pincherle), 6, 10, 13, 23, 149.
Morelli Rina, 38.
Morlacchi Lucilla, 38.
Mortillaro V., 24.
Mozart Wolfgang Amadeus, 52.
Muscetta Carlo, 35.
Musco Angelo, 37, 40.
Musil Robert, 75.

Nabokov Vladimir, 8.
Nasser Gamal Abdel, 9, 10.
Nietzsche Friedrich Wilhelm, 52.
Nobel Alfred, 5.

Orazio Flacco Quinto, 52.
Orlando Francesco, 21, 22, 23, 24, 25, 26, 30, 35, 47, 48, 147, 148.
Ortega y Gasset José, 8.
Orvieto Angiolo, 5.
Osborne John, 11.

Paci Enzo, 14.
Pampaloni Geno, 40, 150, 157, 158, 160.
Pannain Guido, 37.
Papini Giovanni, 9.
Pascal Blaise, 23.
Pasolini Pier Paolo, 7, 10, 13, 14, 149.
Pasternak Boris Leonidovič, 10, 12, 14, 166.
Pavone Francesco, 147.
Peron Juan, 8.
Pes Giorgio, 38.
Petőfi Sándor, 10.
Petrarca Francesco, 52.
Peyrefitte Roger, 8.
Piccolo Lucio, 6, 19, 30, 33, 149.
Piccioni Leone, 149.
Pio XII (papa), 7, 11.
Pirandello Luigi, 53, 60, 119, 125, 146, 153, 168.
Pirelli Giovanni, 6.
Pontieri Ernesto, 24.
Pratolini Vasco, 7, 13.
Proudhon Pierre Joseph, 118.
Proust Marcel, 21, 23, 40, 52, 67, 73, 75, 76.
Puškin Aleksandr Serghejevič, 52.

Quasimodo Salvatore, 8, 11, 12.
Queneau Raymond, 13.

Racine Jean, 23, 47, 52.
Rago Michele, 149.
Ravegnani Giuseppe, 19.
Resnais Alain, 15.
Restif de La Bretonne Nicolas-Edme, 52.
Richardson Samuel, 52.
Robbe-Grillet Alain, 8, 12, 15.
Ronsard Pierre de, 52.
Rossi Lemeni Nicola, 37.
Rossini Giacomo, 52.
Rota Nino, 38.
Rotunno Giuseppe, 38.
Rousseau Jean-Jacques, 73.
Rudiní Antonio Starabba di, 5.
Russell Bertrand Arthur William, 11, 13.
Russo Luigi, 15, 149.

Saba Umberto, 10.
Sagan Françoise, 6, 9.
Saint-Simon Rouvroy Louis de, 23, 26.
Salinari Carlo, 6, 149.
Salvemini Gaetano, 10, 24.
Sanzio Raffaello, 45.
Sartre Jean-Paul, 9, 10, 13, 14.
Savarese Nino, 161.
Scelba Mario, 6.
Schiller Johann Christoph Friedrich von, 52.
Schwarz-Bart André, 13.
Sciascia Leonardo, 149.
Scotellaro Rocco, 6.
Segni Antonio, 7, 10, 12, 13.
Serandrei Mario, 38.
Sereni Vittorio, 24.
Servello Giuseppe, 148, 150.
Shakespeare William, 23, 47, 52, 67.
Silone Ignazio (*pseudonimo di* Secondo Tranquilli), 13, 40.
Soldati Mario, 6.
Spinazzola Vittorio, 54, 57, 58, 59.
Squarzina Luigi, 37, 38, 40.
Stalin (*pseudonimo di* Josif

Vissarionovič Giugasvili), 9, 10.
Stendhal (*pseudonimo di Marie-Henri Beyle*), 41, 42, 43, 44, 45, 46, 47, 48, 49, 51, 60, 67, 72, 73, 76, 135, 137.
Stoppa Paolo, 38.
Strehler Giorgio, 9.
Svevo Italo, 9, 24, 33, 146.
Swift Jonathan, 22.

Tambroni Armaroli Fernando, 13, 14.
Tasso Torquato, 24.
Tecchi Bonaventura, 5.
Teilhard de Chardin Pierre, 8.
Testori Franco, 14.
Testori Giovanni, 162, 163.
Thackeray William Makepeace, 52.
Thovez Enrico, 23.
Titone Virgilio, 21, 24.
Todini Gualtiero, 149.
Tolstoj Lev Nikolajevic, 52, 168.
Tomasi della Torretta Pietro, 18.
Tosi Piero, 38.
Toulouse-Lautrec Henri de, 162.
Trombadori Antonello, 6, 39.

Ulloa Calà Pietro, 24.
U Thant Sithu, 15.

Valli Romolo, 38.
Varese Claudio, 149.
Venturi Lionello, 15.
Verga Giovanni, 23, 52, 53, 60, 64, 119, 125, 140, 168.
Verlaine Paul, 5.
Vigorelli Giancarlo, 14.
Villarena, 24.
Virgilio Marone Publio, 52.
Visconti Luchino, 38, 39, 40.
Vitello Andrea, 52, 53, 148.
Vittorini Elio, 10, 12, 29, 30, 31, 33, 150, 160, 161, 162, 163, 164, 167, 168, 169.
Vittorio Emanuele II (re d'Italia), 122.
Voltaire (*pseudonimo di* François Marie Arouet), 52.

Wilde Oscar, 52.
Woolf Virginia, 52.
Wolff-Stomersee Alessandra, 18.
Wright Richard, 7.

Zola Emile, 52, 57.
Zoli Adone, 10.
Zolla Elémire, 12.

INDICE DELLE OPERE DI TOMASI DI LAMPEDUSA

Gattopardo (il), 6, 7, 8, 10, 11, 12, 13, 17, 18, 20, 24, 27, 30, 31, 32, 33, 34, 35, 36, 37, 38, 39, 40, 41, 44, 47, 48, 50, 51, 53, 54, 57, 60, 61, 65, 68, 71, 72, 74, 75, 76, 77, 78-144, 145, 146, 147, 148, 150, 151, 152, 153, 154, 155, 156, 157, 158, 159, 160, 161, 162, 163, 164, 165, 166, 167, 168, 169, 171.

Gioia (la) e la legge, 65, 75.

Lezioni su Stendhal, 7, 12, 22, 41-60, 72, 171.

Lighea, 68, 75.

Luoghi (i) della mia prima infanzia, 72, 75, 91.

Mattino (il) di un mezzadro, 61, 74.

Racconti, 7, 8, 14, 37, 61-78, 171.

Ricordi d'infanzia, 20.

INDICE GENERALE

Cronologia	5
I. La vita	17
II. Le opere. Temi e motivi	41
Le *Lezioni su Stendhal* e la poetica di Lampedusa	41
I *Racconti*	61
Il *Gattopardo*	78
III. La critica	145
IV. Nota bibliografica	171
Indice dei nomi	173
Indice delle opere di Tomasi di Lampedusa	178

Stampato
per conto del Gruppo Ugo Mursia Editore S.p.A.
da «La Tipografica Varese»